「不遇の時代に生きている――」

もしも今、あなたがそう思っているなら、
それは間違いなく、ピンチではなく
チャンスだ。

「なぜこんな目に遭うんだ」という怒りや嘆き。
「これからどう生きるべきか」という焦りや戸惑い。
今という時代のせいで生まれたこれらの感情はすべて、
あなたにとって絶好のチャンスだと思っていい。

なぜ、チャンスだと言い切れるのか。
それは「このままではマズいことになる」と、
すでにあなたが本能的に危機を感じているからだ。

もっと言うと、これまでと同じ考えや行動では、
どうやら乗り切れそうにない時代に突入したことに、
あなたはもう気づいているからだ。

気づいた人から、トンネルを抜け出せる。
考えはじめた人から、不安はなくなる。
行動をはじめた人から、未来が変わる。

必要なのは「生き直す力」。それだけでいい。
生き直す力は、これからの時代を生き抜く時、
必ず僕たちの支えになるのだ。

生き直すとは、決してリセットではない。
リスタートだ。

過去の自分を捨てる必要はない。
これまでの自分を変えなくてもいい。

経験値を積み、アップデートした
〝新しい自分〟として仕切り直すだけだ。

学校を卒業したら就職し、引退するという
一本道の人生は、ひと昔前でもう終わったのだ。

これからは時代の変化に合わせ、何度も学び直し、
働き直し、生き直していくことが求められる。

そうやって何度でも「生き直し」をするたびに、
人生はどんどん豊かになっていくだろう。

たとえ、心が折れそうになる出来事があっても、
生き直す力が備わっていれば無敵だ。

「この経験は、自分の人生で必ず意味のあることだ」
「この経験を活かして何ができるかを考えよう」と、
たとえ地獄の淵を見ても、這い上がることができる。

何より、生き直す力があれば、自分らしく生きられる。
これは、僕自身の経験から得たことでもある。

僕は以前、「MEGARYU《メガリュウ》」として活動し、
数多くのヒット曲をリリースしていた時期がある。

その後も順風満帆な毎日が続いていくかと思われたが、
ある日突然、痙攣性発声障害という病気を患い、
アーティストにとって命である声自体を失った。

一度は「歌えない自分はもう終わり」と思い込み、
人生に絶望しかけたこともあった。

ところが「ＭＥＧＡＲＹＵ」の看板を下ろしても、
生き直すことができると気がついたことで、
「納得のいく毎日を自分らしく過ごしている」と
今、胸を張って宣言することができる。

音楽フェスや地域創生プロジェクトをはじめ、
アパレルブランドのプロデュース、
インターネットラジオ局のオーナー経営、
東海社会人サッカーチームの顧問、
そして、地元岐阜県の観光大使としての活動…。

これが、今の僕だ。

こんな時代こそ、自分らしく生きよ。

お金や過去の栄光にしがみつくな。
自分のアタマで考えよ。
誰よりもアクションを起こせ。
失敗したら、何度だって生き直せばいい。

早速、その方法を伝えていこう。

RX

RX

BS
CAFE
second
room
ビル

AND
THINK YOURSE
RX

RX

RX
BAR&CLUB
S CAFE
4F

RX

お好み焼
焼そば
味自慢 くるみ

ニュータマミヤ
電話
263-2444

RX

何度だって生き直せ

RYUREX

アンノーンブックス

目次

第4章　ものごとの本質に気づけ

第5章 悔いのない自分を生きよ

第6章

こんな時こそ、動け

はじめに

たった一度のどん底で、人生を終わらせるな

これが、この本を通じて僕がもっとも伝えたいことだ。

僕たちには、**どうしても自分で選ぶことのできない運命というものがある**と思っている。それがものすごくハッピーなことだったらうれしいけれど、どうしようもないくらいひどい〝どん底〟に思えることもある。それまでアーティストとしてステージに立っていた僕に、ある日突然ふりかかった〝どん底〟が、「声が出なくなる」という試練だったように。

ただ、その選べない運命に対してどう向き合うかは、自分自身で選ぶことができるのも事実。僕らは誰もが、自分の運命を決める権利を自分で持っている。

問題は、**〝どん底〟にどう向き合うか**、だ。

〝どん底〟を味わっても、そこで人生を終わらせないためには、次の3つのポイントがある。

1. 自分が何者かを知る
2. 自分なりの基準を持つ
3. 意味のある選択をする

1つめのポイントとして、まずすべきは自分のアイデンティティを知ることだ。「自分が何者か」を認識するところからすべてははじまるといっていい。何ができるのか、何が好きなのか、何で稼ぐことができるのか。それらを洗い出してみよう。

2つめのポイントとして挙げた、自分なりの基準を持つことも大切だ。たとえば、僕の場合は何事にも「ダッセェか、ダサくねぇか」、自分の心がどう感じるかを判断基準にしている。もちろん、ベクトルの向きはいつでも自分。自分の放つ言葉や自分のする行動のひとつずつすべてに、「それってダッセェことじゃないか？」といつも疑問を持つようにしている。そうすることで、自分のアタマで考える習慣が自然と身につくようにもなる。

3つめのポイント、「意味のある選択」を心がけるのも〝次の一手〟を打ちやすくするためにマストなスキルだ。「便利だから」と役に立つ選択を考えるのも大事だけれど、「好きだから」と意味のある選択をするほうが、多くの場合、人の心は大きく動くもの。便利で役に立つものであふれる今だからこそ、これからは「好きだから」「惚れ込んだから」「込められた想いに感激したから」という理由を自分の行動基準にする。すると、ただ漫然と行動をしないようにもなる。

本書を読み進めていくにあたり、この3つのポイントには何度も触れることになるだろう。

第1章では、**自分のなかの絶対的な価値が奪われた時、どうするべきか**を書いた。僕が声を失った時のこと、つまり〝どん底〟にいた時のことも、はじめて詳しく打ち明けている。

そこから、どういうタイミングで、どうすれば立ち上がるきっかけをつかめるのか。現在進行形で〝どん底〟にいる人にも何かしらのヒントが得られるように、リアルな僕のありのままの記録を綴っている。

第2章では、**未来を予測できない変化の激しい時代において、捨てたほうがよいと思う「こだわり」について**触れている。もしかしたら30代以上の人たちにとっては耳の痛い話かもしれない。これまでの「自分の中の絶対」を否定しなければいけないことにもなるからだ。

それでも今一度、自分が大事にしているのは、何の（誰の）ためのこだわりなのか、そのこだわりは正しいものなのかを考えてみてほしい。

第3章では、**これからの世の中がどこに向かおうとしているのか**、僕なりに考えていることを書いている。世の中の動きを知り、将来を見据えることは、お先真っ暗で打つ手がないように思えるくらい落ち込んだ時の助けになる。

これからの時代に応援される人はどんな人物か、応援する側が得られるものは何かなど、成功するビジネスのヒントになることもたくさん詰め込んだ。

第4章では、**自分が何者なのかを探る、アイデンティティの見つけ方**について書いた。MEGARYU時代に出会った人や影響を受けたことなどにも触れている。

物事の本質を見抜けるように、自分のなかに眠っている「気づく力」を呼び起こすコツについても言及。まだ自分が何者なのか探しきれていない人や、自分という人間の存在価値を見出しあぐねている人にもぜひ読んでほしい。

第5章では、**自分のなかのコンプレックスとの向き合い方**についても書いている。というのも、自分が何者なのかというアイデンティティを探ろうとした時、避けては通れないのがコンプレックスだと思うからだ。

自分自身のルーツをさかのぼっていくと、その先には必ずといっていいほどコンプレックスが存在する。そのコンプレックスにどう向き合うか。コンプレックスとの付き合い方次第で、僕たちは自分らしさ全開に生きることができることを知ってほしい。

最後の第6章では、今この本を手に取って読んでくれているあなたに向けて、僕が問いかけるつもりで書いた。

明らかにこれまでとは時代が変わろうとしている今、あらためて「自分が本当にやりたいこと」は何か。そのためにできることは、どんなことか。

夢の実現の仕方を考える自由と選択肢は、いつだって僕たち自身にある。自分らしく胸を張って生きていくために、ここでもう一度、一緒に考えたい。

これが、僕が生まれてはじめて世の中に出す本の内容だ。

僕のことを応援してくれる人には「応援してきてよかった」と感じてもらえるように、僕のことをまだよく知らない人でも「前に進むための背中を押してもらった」と思ってもらえるように、ひとつずつの言葉すべてに魂を込めた。

さあ、これで読んでもらう準備はすべて整った。

時代や環境に負けず、自分で動いて自分で変える自分の人生に向けて、ページをめくっていってほしい。

写真／吉成大輔
ブックデザイン／上坊菜々子
編集協力／山口佐知子

第1章

何度だって生き直せ

We make a living by what we get,
but we make a life by what we give.

人は得るもので生計を立てるが、
与えるものによって人生を築く。

── Winston Churchill

「過去の自分」にすがる
ダッセエ人間になるな。
いかなる状況からでも
「未だ見ぬ自分」を創れ。

オリコン1位の数年後、僕は歌声を失った

「RYUさん、ヤバいことになりました」

2006年3月、その日も1年前と同じようにレコーディングを終え、自宅でほっとひと息ついていた時、僕のケータイが着信を告げた。

電話の向こうでいつになく興奮していたのは、当時エイベックスで僕らのレゲエ・ユニット「MEGARYU」を担当していたヤマシー。僕のリアクションを待てないほど勢いづいたヤマシーが伝えたのは、MEGARYUのセカンドアルバム『我流旋風』がオリコン週間アルバムランキングで1位（2006年7月31日付）を獲得したということ。

それは今思い返しても、メジャーデビューして間もない僕らにとって、とんでもない

ニュースだった。

にもかかわらず、僕はヤマシーの言葉がピンとこないままこう答えていた。


「あ、ホント」


僕のそっけない返事に満足できなかったのか、ヤマシーはもう一度言葉を重ねた。

「RYUさん、あのオリコンで1位なんですよ！」

じつは、正直な話、その時の僕は「1位」というフレーズの響きのよさにうれしかったものの、肝心の〝オリコン〟が何かを理解していなかったのだった。

オリコンが全国各地のレコード店の売上を集計したランキングを作成したものであること。そして、オリコンランキング1位になった楽曲は話題を呼び、アーティストとともにさらに知名度が増していくほど、日本のミュージックシーンで影響力が大きいことなどを僕が知ったのは、1位を獲った後のことだからだ。

そんな感じだから、「あ、ホント」というくらいの薄いリアクションしか返せなかったとしても仕方がないだろう。

それでも、僕らの歌がテレビCMで流れたり、全国ツアーのチケットが次々にソールドアウトになっていったりするのは、素直にとてもうれしいことだった。メジャーの舞台で〝売れる〟ことの凄さも、その頃に実感した。30歳になったばかりの当時の僕は、自分でつくった歌を歌い、それを聞いた多くの人たちが喜んでくれることの連鎖が楽しくて仕方ない毎日を送っていた。


セカンドアルバムが日本一の栄光を獲得したことで一気に波に乗った僕たちは、その後もいい感じに次々と新しい楽曲をリリースし続け、それまでと同じように楽しみながら音楽を続けているはずだった。

「何かが少しおかしいぞ」と最初に感じたのは、それから5年後の2011年。それまで楽しかった音楽活動が、僕のなかで苦しいものに変わっていっていることに気づいた。

これは、いわゆる〝てっぺん〟を獲った人が見る景色の話になるのだろうか。

それまで上しか見ずに登ってきたのに、目標だった頂上に立った瞬間、今度は下の世界しか見えなくなって不安になる、という現象が僕にも起こっていた。

今日のスターが明日には消えているような、生き馬の目を抜くミュージックシーンにおいて、登り切った山の向こうには下り坂しか用意されていないように思えていたのだ。次から次へと新人が出てくるのも脅威に思え、トップの座を奪われることに怖さを感じてもいた。オリコンランキングではつねにトップ5以内に入っている時期でさえ、不安を拭い去ることはできないままだった。

あれほど歌うことが楽しくて、聞いてくれる人を喜ばせるのが大好きでたまらなかったのに、「もっと売れる歌をつくらなければ」という思いが強くなることで、音楽活動が苦しいと感じるまでに変化した。

歌うことに対する苦しさは、僕の思考と行動に大きなダメージを与えた。

今でも「あの思いだけは二度としたくない」と感じるのは、活動休止になる前の2年間に抱えていた罪悪感について。ステージに立ってもレコーディングの現場でも、決してベストコンディションとはいえない自分のパフォーマンスに歯がゆさを感じていた。

それでも、楽しみに待っていてくれるファンや、応援してくれる仲間たちのことを思うと、申し訳なさでいっぱいになることもしばしばだった。

あの2年間に歌っていた歌を、今もまだ冷静に聞くことができないのは「もっと頑張れたのではないか」という悔しい思いがあるからかもしれない。

——そして、「これでいいのだろうか」という罪悪感と「頑張りきれずに申し訳ない」という無力感を抱えながら2年間もがいた挙句、僕はついに声を失った。

あやうくダッセェ人生、生きるとこだった

歌おうと思って口を開けても、まったく声が出てこなかった。

実際は、歌を歌えないどころの話ではなく、ひと言の会話すらできなくなっていた。

「ボーカリストなのに歌声を失った」という事実に打ちのめされつつ病院に行った僕にくだされた診断は「痙攣性《けいれんせい》発声障害」。自分の意志に反して声帯が閉じてしまうために発声が困難になる病気だ。

ボーカリストにとって命でもある声を失うことは、未来を断ち切られたのと同じこと。ところが、絶望の淵に立たされた時、僕の内側から出てきた心の声は真逆のものだった。

「よかった、これで歌うことを辞められる……」

これまでずっと僕らの歌を熱心に聞いてくれて、喜んでくれていた多くのファンを、これ以上裏切らなくてすむ――とっさにそんな思いが溢れてきて、なぜかほっとしたのを覚えている。

じつは、そこからの6日間は、無我夢中の毎日だった。「まさか声が出なくなるなんて」という絶望もあれば、「なぜこんな目に遭わなければならないのか」という悔しさもあり、ネガティブな感情だけがパンパンに膨れ上がっていた。

まわりからの証言によると、自暴自棄になって相当荒れていたのも一日や二日ではなかったようだ。家族をはじめ、大切な友人や仕事先の人など、会う人に構わず悪態をつき、ロクに出もしない声を絞り出して「どうしてこんな目に遭わなきゃならないんだ」と不平不満をぶちまけ、挙句に大酒を飲んでタチの悪い酔っ払いになっていた夜もあったというのだから迷惑このうえない話だ。

そうやってさんざん荒れまくった後、ようやくまわりにいる人の声が耳に入ってくるようになったのは、7日目のことだった。その時のことはのちほど詳しく書くことにして、とにかく僕は7日目に覚醒した。

きっかけは、まぎれもなく自分の声だった。

僕が自分自身に、音にならない声で強く叱責するのが聞こえてきた、といったら信じてもらえるだろうか。

「……ダッセェな。そこで安心するなんて、お前、ダッセェな」

それは明らかに、ボーカリストとしての未来が消えた僕をなぐさめるものではなく、歌うことを辞める口実ができて安心している僕に「それで終わっていいのか？」と挑戦するような声だった。「ＲＹＵＲＥＸに死ぬな、黒川竜次に生きろ」と本当の名前の僕に対し、前に進むように背中を押すようなメッセージにも聞こえた。

家族や友人、ドクターに支えられて今の自分があるものの、あの時聞こえた「ダッセェな」という自分自身の声が立ち上がるきっかけになったのも真実。自分の可能性を知る旅のスタートになったのは、「ダッセェ自分」から抜け出したいという思いからだったのかもしれない。

僕が本を書く理由

この本を今こうして読んでくれている人のなかには、「MEGARYU」のことを知らない人もいるだろう。そこで、MEGARYU時代のことを駆け足で振り返ろうと思う。

レゲエ・ユニット「MEGARYU」の出発点は、2000年の「マグニチュード」時代までさかのぼる。当時のメンバーは、僕RYUREXと相方のMEGAHORN、それにR&BシンガーのHITOMIの三人。僕らの出身地である岐阜県を震源として、世界にうって出ようとしたからユニット名はマグニチュード。

その後、HITOMIが抜けた2001年にデュオスタイルの「MEGAHORN&RYUREX」としてインディーズ活動をスタートさせた。

その頃の僕らは、ライブ活動をしながら、自分たちの歌を吹き込んだデモテープをつくり、いわゆる〝手売り〟をしていた。ある時、いつものように名古屋でおこなわれたイベントに参加した後、「キミたち、すごくよかったよ」と言って来てくれた人物が現れた。それがナーキさんだった。

ナーキさんは、レゲエファンなら誰もが知っている、レゲエミュージックのパイオニア的存在の人。偶然、同席していた僕の兄なんて、初対面なのにいきなり「サインください！」と、目の前にいるナーキさんに興奮を隠そうとしなかったほどだ。当然、僕らは兄よりもっと興奮していたのだけれど。

ラッキーなことに、インディーズデビューとなる2002年のファースト・ミニアルバムの『我流』、2003年の『ETERNAL』という2つの作品をナーキさんにプロデュースしてもらえることになった。それだけじゃない。ニューヨークでのレコーディングや現地でのライブ、ジャマイカでの撮影やMTV特番の収録といった夢のような経験をさせてもらえたのもナーキさんのおかげでしかない。

ユニット名を「MEGARYU」に変えたのもちょうどこの頃。じつは、その前からずっと、ライブやフェスのステージで進行役のMCはいつもMEGARYUと略した呼び方で僕らを紹介していた。なぜなら、「メガフォーンアンドリュウレックス」とコールするより、「メガリュウ」のほうが短くてキャッチーだから。

「だったら、それでよくない？」という、形よりノリを大切にする僕ららしいシンプルな理由でユニット名は「MEGARYU」に変わった。

そして、MEGARYUは翌年の2004年、メジャーデビューをはたすことになる。

「メジャーに行くと、何が変わるんですか？」と聞いた僕に、所属事務所の人は「何も変わらないよ」とだけ答えた。だから僕らもユニット名をMEGARYUに変えた時と同じように、「だったら、それでよくない？」と簡単に納得した。

実際、僕らはそれでよかった。自分たちがつくりたい音楽を続けられるなら、こんなにうれしいことはない。メジャーに行って、全国のショップに僕らのCDが並ぶなら、なおさら最高じゃない？　インディーズもメジャーも関係なしに、自分たちが好きなことだけやって、みんなに喜んでもらうのが僕らの流儀だと思っていた。

そのわずか2年後にオリコン1位を獲った時の話は前述したとおり。同じタイミングでMEGARYU初の全国ツアーがスタートした。僕は30歳になったばかりだった。

結局、MEGARYUは2014年の活動休止までの約10年間で9枚のアルバムをリリースし、日本全国いろいろな場所でライブやフェスをおこなった。

「メジャーデビューからたった2年でオリコン1位になるなんて、アーティストとして大成功ですね」と今でも言われることがある。

もちろん、オリコン1位は事実だし、僕の歩んできた道を称えてくれる気持ちもありがたい。でも、今の僕は「過去の手柄話を語っても、ちっとも気持ちよくならない」というのが正直なところ。なぜって、**僕にとってMEGARYU時代は決してゴールじゃない**から。アーティストとして「まだやれたんじゃないか」と、自分に満足しきれていない部分もある。

ただ、誤解してほしくないのは、MEGARYU時代を後悔しているわけではまったくないということだ。僕はMEGARYUとして自分なりに一生懸命やっていたことを「なかったこと」や「今は封印している過去のこと」にしたいわけじゃない。

むしろ、あの時代に経験したことや学んだこと、気づいたことがすべて今の自分を動かす力になっているといってもいい。「過去の自分」と「現在の自分」を切り離して考えるのではなく、**過去も現在もそして未来まですべてが一本でつながっていると思っている。**

だから、過去の自分が「解決できるはずがない」と抱えていた悩みや「もうダメだ」とあきらめそうになった壁、恥ずかしいこと、悔しい思いといったネガティブなことも全部ひっくるめてこれから書いていくつもりだ。

過去のネガティブなことは、すべて必ず今の自分を動かすエネルギーに変えられる。だから、今この瞬間も苦しんでいることだって、必ずいつか「あの時があったから今の自分がある」と、歴史をつなげて考えることができるはず。そこに気づいてもらうことこそ、今という時代に僕がこの本を出す意味だと信じている。

時代や環境に負けるな。
自分の人生、
自分で動いて、
自分で変えていけ。

歌手が歌声を失った「意味」を考える

自分のことを「情けないヤツだ」と心底ガッカリした経験があるだろうか。

僕にはある。今まで生きてきて、いちばん惨めで情けない自分。それを痛感したのが、「MEGARYU」が活動休止になる前の2年間だ。

この時期は、僕のなかに「とにかく歌わなければ！」という強引にでもアクセルを踏みたい自分と、「歌いたくても、歌えないんだよ」というブレーキをかけにくる自分がいて、どちらかがボロボロになって倒れるまで戦おうとしていた。

ツアー中も、病院から処方されたいくつもの薬に頼ってステージに立った僕は、喉の奥の奥から声を絞り出し、思い通りに歌えない歌を歌っていた。

これは僕だけが感じていたことかもしれないけれど、絶好調の時と比べると、この頃の僕の声は明らかに弱々しく、自分の声なのにまったく知らない誰かの声のようだった。にもかかわらず、歌うことをやめることは許されない。アーティストにとって、それは一滴の悔し涙も出ないほど苦しいことだった。

僕の患った痙攣性発声障害は、10万人に一人の割合でかかるといわれているような、まだそれほど知られていない病気。原因もまだハッキリとは解明されていないようだ。ただ、当時の担当医師が言うには「脳からの信号と自分の筋肉の反応が逆になる〝誤作動〟のような現象が起きているのでしょう」とのこと。たしかに医師の説明どおり、どんなに声を出そうと頑張っても、閉じた喉からは細い吐息しか出ない。僕の喉、いやRYUREXの身体と心、すべてが完全にバグッていたのだろう。

痙攣性発声障害を患うと、その多くは声が出ないことでコミュニケーション機能がダメージを受け、働くことや社会活動が大きく制限されるといわれている。僕の場合も例外ではなかった。

いつもなにげなくしていた行動ができなくなるのは恐怖以外なにものでもない。たとえば、電話。電話で話す時、人は電話の向こうの人にきちんと伝えたいあまり、無意識に声が大きくなるもの。でも僕の場合、大きな声を出そうとすると、余計に喉の筋肉がキュッと閉じてしまって全然しゃべれない。

対面で話すようなシチュエーションだったら、僕が声の出ないまま口だけをパクパクさせて困惑している様子を見れば、相手も異変に気づいてくれるだろう。

でも、顔の見えない電話だとそれができない。せっかく受信しても会話ができないのだから、電話の価値はゼロ。僕は、コミュニケーション能力ゼロの人間に成り下がった。そうなると、今度は電話がかかってくるたびに、反射的に「ヤバい、どうしよう」「怖い」などと恐怖を感じ、身体まで硬直するようになるのだった。

じつは、抱えていたのは身体の不調だけではない。むしろ、心の問題のほうが重症だったかもしれない。病気を患っていることが決定的になった時に、真っ先に頭に浮かんだのがファンのみんなへの思いだったことはすでに話したが、しばらくするとほかにもネガティブなことが次々と頭をよぎった。

「ＭＥＧＡＲＹＵ」をつくってきたチームのスタッフや相方の将来はどうなるのか、お世話になった人たちに義理を欠くのではないか、といったいろいろな不安ももちろんあったけれど、正直な話、僕にとってもっとも大きかったのは生活の不安だった。もっとリアルにいうと、「これから先、収入はどうする？」というお金の不安だ。

プロのアーティストは歌うことでお金を得て生活をしているが、じゃあ歌えなくなったアーティストはどうやって暮らしていけばいいのだろう？　僕には家族もいるのに、歌えなくなったら家族を食べさせていかれなくなるんじゃないだろうか？　気に入って住んでいる今の家をすぐにでも手放すべきだろうか？

そんな先の見えない不安を加速させていった背景には、自分への焦りもあった。「もう歌えない」とわかったその日からずっと、僕は焦っていた。あんなに思いっきりステージで楽しく歌っていた自分と、アーティストとして窮地に立たされた今の自分のギャップをなかなか受け入れることができなかったからだ。

「また歌えるようになれば、みんなを喜ばせるRYUREXでいられるのに」
「声さえ戻ってくれれば、どんなアーティストにだって負ける気がしないのに」

そんなふうに、うまくいかなくなった現実を前に、募っていくばかりのジリジリとしたもどかしさを僕は、恥ずかしいことにまわりの人にぶつけることしかできなかった。自分がうまくいかなくなったのは、病気のせいであり、会社のせいであり、ツキに見放されたせいだ……そんなふうに苛立った気持ちを、来る日も来る日も会う人ごとにぶちまけていた。

いつだって僕のいちばんの味方になって、ずっと支えてくれていた家族や友人に対して荒れることしかできないなんて、かなり惨めで情けない話だよね。

「歌えなくなったアーティストには価値がない」

今思えば、あの頃の僕の最大の愚かさは、勝手にそう思い込んでいたことだとわかる。もちろん、アーティストとして歌えなくなったからといって、そこで人生が終わるわけでは全然ない。それなのに、なぜかその時の僕は「オスとして、人間として、人生終わったな」と大げさに思い込んでいた。

動き出さないことのほうが大きなリスク

「お前らしくないよ。もうそんなお前の姿、見たくないわ！」と、歌えなくなった僕が、同級生の大熊君からいわれたひと言は今でも忘れられない。

僕らは地元である岐阜の居酒屋にいて、しつこく繰り返されるグチに辟易した彼が、〝惨めで情けない友人〟の僕と訣別するためにキッパリと言い放ったセリフだった。

僕はその晩も、「声さえ出れば、また歌でトップを狙えるのに」というお決まりのグチからはじまって、身体の不調や所属会社への不平不満、置かれた境遇への納得のいかなさなど、酔いにまかせてグダグダとかすれた声でぼやいていた。

大熊君は、そんな僕に喝を入れるつもりだったのだろう。てっきり、いつもみたいに優しくなぐさめてくれるものだと思っていただけに、「いい加減にしろよ」という調子で放たれた大熊君の言葉に、僕はショックを受けた。

じつは、その日は僕にとって、ショックを受ける出来事はそれで二度目だった。一度目は昼間、家で妻と話していた時のことだった。

声が出なくなる1年前、僕は家族で住むための家を岐阜に建てていた。キッチンやリビングなどへは妻のリクエストをメインにしつつ、音楽をするためのスタジオを設置したり、自分でBBQコンロのついたウッドデッキをつくったりして僕自身も思い入れのある家だった。

僕が声を失ったせいで、建てたばかりのその家を手放さなければならないとしたら、こんなに悲しいことはない。でも、実際に歌えないのだからアーティストとして収入がなくなるのは目に見えている。だから僕は彼女に伝えたんだ、「もしかしたら、この家を売らなきゃならなくなるかもしれない」と。

ところが妻は、秒で「いいよ」と答えて微笑んだ。「ここより狭いところに引越すことになってもいいよ。この先、家族が増えたって大丈夫だよ」と続けた。

僕より家を建てることに熱心で、家の話をするたびに楽しそうにしていた妻。そのことをいちばんよく知っているはずの僕が、とぎれとぎれの声で家を売る了承を得ようとしている姿を見て、どんなに心細い思いをしたかを想像すると胸が痛い。それでも彼女は、いとも簡単に家を売ることに賛成してくれた。

その瞬間、僕にはわかったんだ。「今の『いいよ』は絶対、嘘。本音のわけがない。でも、ガッカリしていることを隠して、僕のためにわざとそっけなく『いいよ』って、いってくれたに違いない」と。

妻からの「いいよ」は、僕にとっての「喝」だった。「ここで彼女の気持ちに甘えてこの家を売るようなことをしたら、絶対に自分が後悔するはず」と気づかせてくれるきっかけになったからだ。

声を失った後は荒れまくって周囲に迷惑のかけどおしだったものの、7日目に妻と大熊君に喝を入れてもらったおかげで、僕はこの数日間に自分がしてきたことのダサさにようやく気がついた。

病気や会社やツキなど、たとえそれがなんであれ、今の自分がうまくいっていない理由を何かのせいにしているのは、相当ダサいことだと思えたのだ。

「……お前、ダッセェな」と自分を叱責する声が聞こえたのは、「RYUREXとして歌えなくなっただけなのに、そのせいにして前に進むことをあきらめているんじゃないか?」と、立ち止まっていたままの僕に気づかせるためのものだったと思っている。

「それで納得できるわけ?」と。


人生で起こることには意味があるはず。自分をダサいと気づいたことにだって、僕には意味があることだったと確信している。実際、僕はこの7日目に起こったことにより、「アーティストとしてのRYUREX」にこだわらずに生きようと思えたし、僕たちの家を死守するために新しいことをはじめようと動き出すきっかけをつかんだのだった。

第2章

こだわりを捨てろ

Some of us think holding on makes us strong;
but sometimes it is letting go.

しがみつくことで強くなれると考える者もいる。
しかし時には手放すことで強くなれる。

—— Hermann Hesse

変化は、衰退じゃない。
成長だ。

喜ばせる「方法」は一つじゃない

生きていると、想像すらしてもいなかった残酷な現実に直面することもある。

突如、全世界で猛威を振るいはじめたウイルスや、研究者すら予見できない自然災害、日常生活でのアクシデントや僕が見舞われたような病気だってそう。今にはじまったことではないけれど、この先もうどんなことが起きてもおかしくはないような「変化の時代」を僕らは生きている。

ついこの前まで当たり前だったことが、明日には消え失せているような変化の時代を生き抜くためには、何をすればいいのだろう？　何が必要だと思う？

僕の知人にも今、必死にピンチに立ち向かっている人がいる。

彼は若くして念願だった飲食店の経営者になった人。持ち前の料理の腕のよさからお店はたちまち人気になり、店舗やスタッフも増やして順調に経営を続けていた。

ところが、多くの飲食店がそうであるように、彼の店もまた、新型コロナウイルスの影響で以前のようにはうまくいかなくなった。お店が大きい分、抱えているスタッフの人数も多く、悩みも膨らむ一方。顔を合わせるといつでも「参っちゃいますよ」と泣き言をいってくる彼に、僕は実力を発揮しきれていなかった時期の自分を重ね、つい話を聞いてしまうのだった。

彼いわく、「自分には料理しかない」。これまでずっとその道でやってきたから、今さらほかのことなんてできない」。だから、テイクアウトのメニューを増やしたり、対策を入念にしたうえでイベントに参加したりして努力を重ねている。本当によくがんばっていると思う。

自分が決めた道を歩んできて、その道のプロといわれるまでになった。だから辛い時も自分のやってきたことを信じて、同じ道を突き進んでいこう。……それが彼のやり方だ。もちろん、否定するつもりはないし、むしろ応援している。

ただ、その方法で立ちはだかる大きな壁を乗り越えていこうとするのは、なかなかしんどいことかもしれないと思う時がある。

その理由は、今が「変化の時代」だから。**まわりがどんどん変化していっているなかで、自分だけ昔と同じ武器と戦術で戦いを挑んでも、勝つことは難しい**のではないだろうか。

料理で一流の腕を磨いてきた人が、料理をつくることができない状況になった時、「それでも、やっぱり料理だけで勝負しよう」と思ってもにっちもさっちもいかず、立ち止まることしかできなくなるんじゃないだろうか。

そんなふうに考えるのは、僕自身が歌を歌えなくなった時、さんざん荒れた後で「長い人生のうち、アーティストの時期を経験しただけなのかもしれない。歌えなくなっても、すべてが終わりじゃないんだ」と気づいたから。

幸か不幸か、僕の場合は歌いたくても歌えなくなった。だから、「歌う」という今まで同じ道を歩むことは物理的に不可能だったのだけれど、もしも難しい手術に挑戦したり無理にボイストレーニングを重ねたりして歌うことにこだわっていたら、その後もしばらく悲惨な毎日を送ることになったはず。

同じ道を歩み続けていないと、これまで積み上げてきた経験や実績を失ってしまうかのように思えるのは大きな誤解でしかない。事実は事実として、その後もずっとしっかりついてくるからだ。にもかかわらず、**今までと同じことを続けることにこだわるのは、ひょっとすると自分だけが大事に守っているプライドのせいではないだろうか。**

変化の時代を生き抜くために必要なこと、僕はそれを**「こだわりを捨てること」**だと考えている。

「俺はいいけどYAZAWAがなんて言うかな？」

「こだわりを捨てる」って、すごくハードルが高くて勇気がいることのように聞こえるかもしれない。でもじつは、こだわりを捨てるのはちっとも難しいことなんかじゃない。なぜならそれは、何かをやめたり遠ざかったりすることではなく、視点を変えて見るだけのことだからだ。

たとえば、料理一本で生きてきた人に「料理なんてやめたら？」というのは無責任だけれど、「今は無理にその方法で料理をしなくてもいいんじゃない？」というアドバイスが効くことはある。

僕の場合だって、歌を歌えなくなったからといって音楽をあきらめることはしなかった。歌わなくたって、音楽に携わる方法はあることがわかったから。もっといえば、音楽にこだわらなくて多くの人に喜んでもらえる方法を探そうと思えるからだ。

やりたいことが今と同じ方法でかなえられないと知っても、あきらめなくていい。やりたい方法を捨てなくても大丈夫。別の方法でそれをかなえることは必ずできる。

そもそも、はじめは誰だって実績ゼロの状態からスタートするもの。今は仕事で結果を出している人も、「自分はこれしかない」と決めて努力してきた人も、はじめは何も持っていなかったはず。

今の自分がどうしようもなくこだわっていて、「失うかもしれない」と怖がっているものだって、ゼロからスタートして今までの努力により価値を高めてきたことだろう。すべて「後づけ」で、自分の手によって自分に価値を与えてきたことなんだ。

僕自身も、20代でまだアーティストを目指しているただの若者の頃は、これから音楽で食べていかれるかどうかなんてわからなかった。ただ、当時自分の歌を吹き込んだカセットテープを聞いてくれた、目の不自由な祖母から「私には、目が見える人には見えていない、お前の歌の素晴らしさがちゃんと見えるよ」と励ましてもらった時、はじめて自分の歌に価値が生まれたような気がしたことは覚えている。

僕たちはみんな、今からでも自分の持っている価値に気づいたり、自分に新しい価値を与えたりすることはできる。人の持つ顔は「一人ひとつ」とは決まっていないのだから、下手なこだわりは捨ててもいい。そんなふうに思えないだろうか。

それでもまだプライドがじゃまをしていたり、恥ずかしいと思う気持ちがあったりして、こだわりを捨てることができないという人は、「もう一人の自分」がいることを想定してみることをおすすめする。

僕の場合だと〝黒川竜次〟という人間のなかにRYUREXが存在しているように、あなたのなかにも今の自分とは別の顔がいると考える。すると、「こうするべきだ」「ああしなくては」という自分の足かせになっている行動や考え方からスッと解き放たれ、もっと楽に別の方向から動けるようになることもある。

「もう一人の自分」という考え方で参考になるのが、ロックミュージシャンの矢沢永吉さんの有名なエピソードだ。

コンサートツアーでのこと。滞在予定のホテルにて手違いがあり、いわゆる「スター」にふさわしいようなゴージャスな部屋を用意することができなかったという。そのことをスタッフがおそるおそる矢沢さんに伝えたところ、「俺はいいけどYAZAWAがなんていうかな?」といったとされる、冗談のような伝説のエピソードだ。

このエピソードは、単に矢沢さんの面白い話で終わらないのがすごいところ。僕はいつも「もう一人の自分」について考える時に、このエピソードを思い出している。というのも、今までの自分と違うことをしようとする時、もしも、はじめの一歩を踏み出す勇気がなかなか出ないなら、違うキャラクターの「もう一人の自分」をつくって、それに行動をさせればいい、とあらためて気づかせてもらえる話だからだ。

僕の場合なら、「MEGARYU」のRYUREXは、一人のキャラクターとしてステージに立っていた。でも、地元の岐阜でイベントを主催する時の僕はビジネスパーソンとしての黒川竜次で臨む。商店街を盛り上げるための企画書を書いたり、役所に行って道路を使用する許可を取る手続きをしたりすることもある。

イベント当日には、スタッフとしての黒川竜次にだってなる。ステージに立つミュージシャンのギターを運んだり、舞台上の音響チェックをしたりもする。「もう一人の自分」を意識しておくことで、ステージを降りても別の顔で事務や裏方の仕事を積極的にこなすことができるのはとても便利で快適だ。

そこには「メジャーで活躍したRYUREXのすべき仕事じゃないな」「RYUREXとしてカッコいいところを見せよう」といったおごった気持ちは1ミリもない。だって、RYUREXという一人の自分のひとつの顔にだけにだけとらわれて、身動きがとれないほうがよっぽどダサいと思わない？

心のなかに「もう一人の自分」、つまり自分なりのYAZAWAを持っておくようにすると、強くいられるようになるので試してみてほしい。すると、「その時、その場にふさわしい自分でいけばいい。目的を果たすためなら誰にどう思われようとかまわない」――自然とそう思え、動きはじめることができるようになるはずだ。

何者にもなれる、
なんてことは言わない。
でも、君の顔は一つ
なんてことは絶対ない。

働き方にこだわるな。生き方にこだわれ

もしも突然、あなたが今の仕事を失ったら、明日から何をして生活をしていこうと考えるだろうか。

僕の場合、声を失ったことをきっかけに、「RYUREXは人生の一部。これからは、黒川竜次の別の顔でも生きていこう」と腹をくくった。その後、まずしたことは、今の自分ができることを客観的に見直すことだった。

アーティストとして掲げていた看板をいったんおろした時、「さて、今の自分に何ができるだろう?」とあれこれ模索するのは、自分がこれまで身につけてきたことや持っていることを検証する作業。自分の値踏みをするようで少し怖くもあり、これからの可能性を知る楽しいことでもある。

僕がどうやって自分を検証していったのか、実際にやってみた方法を具体的に紹介しよう。今これを読んでいる人も、自分に何ができるか、これから何ができるか、可能性を知るヒントになるのでぜひやってみてほしい。

まず、紙とペンを用意する。今はあらゆることがデジタル先行型だけれど、ここはあえて紙とペンというクラシックなアナログのスタイルでいきたい。紙とペンを活用すると、思いつくことを手軽に素早く書くことができるだけでなく、アイデアやイメージが広がりやすいというメリットもある。

そして、紙の中央に自分の名前を書く。僕の場合なら、RYUREXではなく黒川竜次。そして、**名前の下に自分という人間を支えていることや外せないと思うことを書きこむ**。僕のベースは「音楽」と「エンタメ」だ。

あとは、自分のことをどんどん書いていくだけでOK。「歌えなくても作詞や作曲はできる」「サッカーやフットサルが好き」「タオルやTシャツといったアーティストグッズのデザインはできる」「イベントを企画するのは学生の頃から得意だった」「教育関係

自分の可能性を知る棚卸し

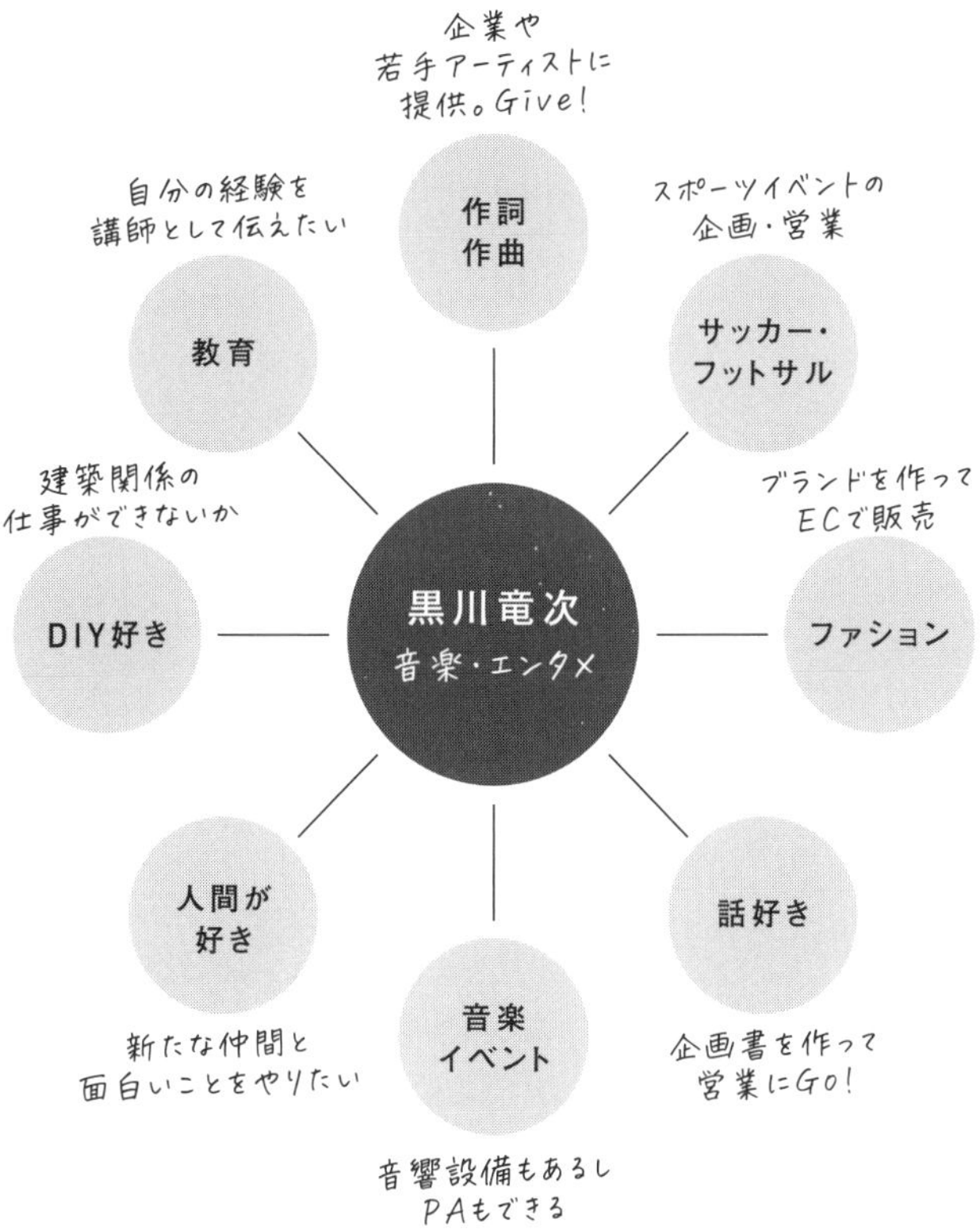
企業や
若手アーティストに
提供。Give!
作詞
作曲
スポーツイベントの
企画・営業
サッカー・
フットサル
自分の経験を
講師として伝えたい
教育
ブランドを作って
ECで販売
ファション
建築関係の
仕事ができないか
DIY好き
黒川竜次
音楽・エンタメ
人間が
好き
新たな仲間と
面白いことをやりたい
話好き
企画書を作って
営業にGO!
音楽
イベント
音響設備もあるし
PAもできる

の仕事に就いていた」「人前で話すことは好きだし経験もある」というように、自分という人間を中心にして、思いつくままにキーワードを書いていく。

ひとりで書いていて煮詰まった時は、そのたびに家族や友人に自分自身が忘れていることや気づいていないことをヒアリングするようにして、「ＲＹＵさん、ＤＩＹや建築も好きですよね？」「昔から体形、変わらないですよね」などと聞き出し、紙がいっぱいになるまで埋めていった。


そうやって、自分の好きなことやできることなどを書いて、「自分の棚卸し」の作業を終えたら、書かれたことのなかからマネタイズできそうなことをじっくり考えてみるんだ。

「ここ岐阜で、エンタメをベースにしたイベントを立ち上げたらどうだろう」「教育委員会に講演会の提案をしてみよう」「サッカーチームのオフィシャルグッズのデザインができないだろうか」というように。

もちろんすべてが自分ひとりの力では成し得ないので、遠い縁をたどって人を紹介してもらうこともあった。でも、最後は自分で動くしかないことも多い。会ったことのない相手に電話をかけてアポイントメントを入れるのも、A4の用紙一枚をパッと見ればわかるような企画書をつくるのも、全部自分。

お金になるかもしれないことのために動くのも、ありもしない「おいしい話」が舞い込むのを待っているだけの毎日を送るのも、結局は自分次第だと思う。

でも、**自分次第で将来が変わるなら、僕は迷わず動くことを選ぶ。そして、働き方にこだわるのではなく、生き方にこだわっていきたい。**

ダッセェ選択には、ダッセェ人生しか待っていない。

どん底だと思っているのは「誰」か？

「やりたいことがわからない」

「何ができるかわからない」

もしもあなたが今、そんなふうに悩んでいるなら、僕はいいたい。

「今はまだ悩むタイミングじゃないだろ？」と。

「やりたいことがわからない」と嘆きながらもコンビニで食べたいものを買えたり、「何ができるかわからない」とぼやきながらもゲームをできたりするなら、それはまだ余裕がある証拠。本当に今どん底にいて悩んでいる人は、「今にも食べるお金もなくなるし、大切な人を守ることもできなくなる。すぐに何かをはじめなければ明日から生活できない」と、切羽詰まった状況に直面している人だろう。

……と、偉そうに語ってしまう僕も、声が出なくなったことで何もかもが思い通りにいかず、「今の自分はどん底にいるかわいそうなヤツ」だと錯覚していた時期があった。大切な家族がいて、住む家があって、普通に暮らせているような、どこかに保険がきいていてセーフゾーンにいる状況にいるにもかかわらず、その時は絶望の淵に立たされている気でいた。

「今の自分はどん底にいる」という錯覚を起こしているかどうかは、今いる世界を広げてみるとよくわかる。

僕が「今の自分はどん底にいる」と錯覚していた時期にとった行動のひとつに、とあるコミュニティに参加した、ということがある。

きっかけはフェイスブックで知り合った一人の男性だった。彼は失語症を経験したのちに、病気を患う前と同じ職業にふたたび就いた人。声が出なくなって恐怖でいっぱいになった僕は、似ている境遇の人の話を聞きたくて、自分から彼に連絡をした。

ちなみに、大雑把にいうと、僕と彼の病気のジャンルは少し異なる。言葉は持っているけれど声が出ない僕と、声は出るけれど言葉にならない彼。それでもいろいろな情報を教えてもらっているうちに、失語症の人たちが集まるコミュニティがあることを知り、そこに参加させてもらえることになったんだ。

「衝撃のあまり呆然とした」というのが、コミュニティの第一印象。そこに参加していた人たちがあまりにも明るくて、とにかくよく笑うし、しゃべるんだ。もちろん、しゃべるといっても、明瞭な言葉にはなっていない。ただ僕とは違って声を出すことのできる彼らは、コミュニケーションをとるために声という「音」を出して表現する。

不思議なのは、ハッキリした言葉にはなっていないのに、僕には彼らが何をいいたいのかしっかりと伝わっていたこと。それは相手にとっても同じで、声が出ない僕のいいたいことも伝わっていたんだと思う。だから一緒になってたくさん笑い、僕らなりにおしゃべりすることができたのだろう。

そうやって、ポジティブなパワーに圧倒されながらコミュニケーションをとっているうちに、僕のなかに疑問が湧いてきた。

「あれ？　僕は何を悩んでここを訪れたのだっけ？」

苦しさを共感し合える仲間に会いに来たはずなのに、湿っぽい雰囲気がまったく漂っていないので、すっかりそのことを忘れてしまっていたのだった。

どん底だと思っているのは自分だけで、まわりの人だってそれぞれのどん底を抱えて生きている。ここにはいない、一見元気そうに見える人だって、どん底を抱えながら毎日を過ごしているのかもしれない。

そう思ったら、「今の自分がどん底にいると思っていたのは、錯覚だったんだ」と、現実が見えてきた。

「動けない」と思っていたことは錯覚で、本当は「動かない」だけだったんだ、と。

だから、あえてもう一度、問いたい。

「やりたいことがわからない」

「何ができるかわからない」

もしも今、そんなふうに悩んでいるなら、それは動けないからなのか、動けるのに動こうとしていないだけなのか。さあ、どっちだ？

身近な人は死んでも守れ

ダッセェ選択をしたら、ダッセェ人生しか待っていない。これは間違いない。

「ダッセェ選択」とは、失敗する道を選ぶことではない。僕たちが人生でする失敗なんて、後から挽回できるものはほとんどだ。失敗することは挑戦した証でもあるのだから、恥ずかしいことでもない。

重要なのは失敗した後、その失敗に自分がどう向き合うか、だ。

失敗にきちんと向き合う道を選べば、失敗は「学び」として次のチャンスにしっかり活かせる。反対に、失敗と向き合おうとせず、何かのせいにしてあきらめる道を選ぶのは、自分にとってまったく意味のない、ダッセェことだと思う。

先日、こんなことがあった。

僕のオフィスは、岐阜市若宮町というところにある。「XMARKET《クロスマーケット》」という複合商業施設の一角だ。いろいろなジャンルの人がお互いの境界線をこえて交流できる、「クロスオーバーするマーケット」という意味で名付けたこの空間には、僕のオフィスのほかにパーソナルトレーニングジムやインターネットラジオスタジオ、イラストスクールなどでにぎわっている。僕がデザインしたアパレルグッズやアクセサリーも並んでいる。

そこで販売することになったTシャツの新しいデザインを手がけた時、色の問題でちょっとしたトラブルが生じた。黒地のTシャツにグレーでロゴをプリントしたところ、グレーの色が濃すぎてロゴが目立たない形でできあがってしまったのだ。パソコンの画面上で確認した時はシックで美しいと思っていただけに、実際の仕上がりを見た時は一瞬、戸惑った。

ただ、ここからが分かれ道。「業者にかけあって、つくり直してもらう」「そのまま黙って納品するが、販売はせずボツにする」など、いろいろ選択肢はあった。でも、僕が選んだのは「そのまま販売する」だった。色の確認した時、最終的にOKを出したのは僕自身。誰のせいでもない。だったら、この失敗は自分自身でケリをつけるしかない。

というわけで、僕はこの失敗を「次につくる時はロゴの色は明るめに指定しよう」という「学び」とし、どう見ても渋すぎるTシャツを赤字覚悟で販売することにした。

ところが予想に反し、Tシャツは売れてくれた。「Tシャツのロゴは目立ちすぎないほうが、『ほかのアイテムと合わせやすい』『洗練されていていい』と考えるユーザーもいる」という、僕の想像を軽く超えたところに新たな「学び」があったのだ。

失敗の受け止め方によっては「成功」とまでは呼べないまでも、少なくても「学び」を得ることはできると知った出来事だった。

日常生活のなかではいろいろな分かれ道があるけれど、自分の人生はいつだって自分が責任者。小さいことから大きいことまで、決断するのは全部自分なのだから、失敗してもそれを引き受けていくほうがずっと成長できる。

ところが、だ。「ダッセェ選択をしたら、ダッセェ人生しか待っていない」と信じてこれまで生きてきたはずの僕が、大事な局面でダッセェ選択をしそうになってしまった。歌声を失った時、「よかった、これで歌うことを辞められる……」と、思ってしまったのだ。声が出ないせいにして、当時いた世界から逃げ出そうとするなんて、ダッセェ選択以外、何ものでもない。

建てたばかりの家を売る相談を妻に持ちかけたのもダッセェ選択だった。大切な人をガッカリさせてしまったと今でも後悔している。もともと妻は僕のいうことになんでも笑ってくれるような、おおらかな女性。僕のほうが、ずっと彼女のファンでもある。そのくらい大切な人から、気を遣われながら「引越してもいいよ」といわれたのはキツかった。

どんなに偉い人の言葉より、いちばん身近にいる人からの言葉のほうが身に染みる。おかげで、あと少しのところで本当にダッセェ選択をするところだった僕が、直前で自分のダサさに気づくことができた。

考えてみれば、**いちばん身近にいる大切な人を幸せにできないような人が、ほかの人を幸せにできるはずなんてない**よね。ラブソングをつくる時も一緒、いちばん身近にいる大切な人をリアルに幸せにしていなければ、ハッピーな言葉を並べ立てても誰の心にも響かない、まるで説得力のない歌ができてしまうだろう。

ダッセェ人生を歩んで後悔しないためには、「失敗の責任は自分でとる」「まず目の前にいる大切な人を笑顔にする」。じつは、そういう小さなところでダッセェ選択をしないことなんだと思う。

第 3 章

応援される人間になれ

If today were the last day of my life,
would I want to do what I am about to do today?

もし今日が人生最後の日だとしたら、
今やろうとしていることは、
本当に自分のやりたいことだろうか？

—— Steve Jobs

100人のファンを作ろうと思うな。たった1人の熱狂者を作れ。

結局、「誰を、どうやって、助けたいか？」

「本当にやりたいことって、なんだろう？」

そんな問いかけを自分自身にしたことがあるだろうか。

学校を卒業し、社会人としてどこかの組織に就職すると、自分が本当にやりたいことを考える時間は少なくなっていくもの。そうしているうちに、「やりたいこと」より「やらなければならないこと」のボリュームが増えていく。気づけば、自分が本当にやりたかったことが霞んで見えるほど、そこから遠ざかってしまっているのではないだろうか。

今、世界中が新しいウィルスの脅威にさらされ、ほぼすべての人に対し、一度立ち止まって自分のやりたいことに向き合う機会が訪れた。皮肉なことかもしれないけれど、

「本当にやりたいこと」を探すには、またとないタイミングかもしれない、と思う。

前にもお伝えしたように、僕は声が出なくなって立ち止まりかけた後、「ダッセェ自分」に気づき、やりたいことを探した。そして少しずつ動きはじめた。

僕を取り巻く環境は見事に一変したけれど、自分のなかで1ミリも揺るがないこともあった。それは、RYUREXとしては歌えなくなったけれど、僕という人間を支える根っこにあるのは音楽とエンタメである、ということだ。そこは当時も今も、おそらくこれからもずっと変わらない。

これまでは演者の側でステージに立っていたけれど、これからはステージをつくる側になれるかもしれない。自分で歌うことはできなくても、自分のつくった曲を誰かに歌ってもらうことはできるんじゃないか。そんな漠然とした思いもあった。

だから僕はその思いを言葉にし、集めた言葉を企画というカタチにまとめてみることにした。

すると面白いことに、暗闇だと思っていた今の自分がいる場所に、わずかながら光が差し込んできたように感じた。そうやって、わずかな光に向かって歩きはじめるうちに、今度は「本当にやりたいこと」の輪郭がハッキリとしてきた。

「ボーカリストとしてではなく、アーティストとして作曲や演出、プロデュースにまで携わり、ひとつのステージをつくりあげること。そして、MEGARYUのステージを楽しんでもらったように、僕のつくるステージでみんなを笑顔にしたい。それも、生まれ育ったここ、岐阜という土地で成功させたい」

これが、今の自分が本当にやりたいことだと気づいたのだった。

やりたいことが明確になれば、今日やるべきこともおのずと見えてくる。

たとえば僕の場合なら、立てた企画を実現したければ、僕の企画を応援してくれる人を見つけることがミッションになる。ひとりでは不可能でも、応援してくれる人がいれば実現可能な企画だからだ。

応援してくれる人を見つけるためには、人と会って話を聞いてもらう必要がある。そのために今日できることは、会う約束を取り付ける電話をかけたり、直接売り込みに行ったりすること。

そうやって今日やることが見えてくれば、あとは動くだけだ。

やりたいことはどんどん口に出せばいい

実際、僕は岐阜では業界トップといわれる数々の企業や銀行、自治会に足を運んで、企画を売り込むことに約1年という時間を費やした。

「音楽×花火×プロジェクションマッピングを中心にした野外系フェス」という僕の企画は、当時の岐阜ではまだ画期的すぎてイメージしにくいものだったと思う。

しかも、「岐阜の清流をイメージしたアンビエントな世界をバイオリンの生演奏で彩る」「地元の鵜匠さんのところで録った〝鵜の音〟をリズムに使う」「和太鼓とヒップホップがコラボレートした楽曲を披露する」といった具体的なコンテンツを盛り込んだ話になると、企画書の字面を追うだけで相手に理解してもらうのは至難の業といえるだろう。

企画のイメージを共有し、賛同してもらうためには、どうしても想いが伝わるような僕自身によるプレゼンテーションが必要になる。ただ、そのために動くことは、僕にとって苦痛でもなんでもなく、むしろ最悪な日々と比べれば180度反転したワクワクするような挑戦の日々だった。

その経験から学んだのは、つまずいて立ち上がりかけている人が描く青写真でも、**熱量をもって語れば、その内容を理解しようと熱心に耳を傾けてくれる人が必ずいる**、ということだった。

というか、まずは自分が「これだ」と思うようなやりたいことを見つけ、それを口に出していくことではじめて、応援してくれる人は現れるものなのだ。自分から動かなければ、応援してほしいと思っていることを、誰かに気づいてもらえることもない。

会う人ごとに「こういうことをしたいんです」とプレゼンして歩き、ひとり、またひとりと僕の企画を応援してくれる人が増えていった結果、1年後に奇跡が起こった。もはや「突拍子もない企画だな」と笑う人は誰もいなくなった。なんと、僕の企画は「音彩NEIROスタジアム」という日本初のイベントとして、岐阜県の長良川球場という〝大箱〟で開催することが決定したからだ。

当日は3000人以上が詰めかけるほどの盛況ぶりで、6000発の花火と、音楽や光を楽しんでもらえたことは新聞にも大々的に掲載された。応援してくれる人たちの力が集まったおかげで、大成功を収めることができたのだ。

ステージに立つミュージシャンとしてファンのみんなから応援してもらうことに慣れていたはずの僕だったけれど、あらためて「応援の威力」を確信できた、夏の終わりの出来事だった。

「助けて欲しい」と言えるか？

僕がしてきたような泥くさいやり方ではなくても、誰かに応援されることを僕たちは毎日のように経験している。

身近なところでいえば、自分の発信したSNSへのリアクションやポジティブなコメントを残してもらえることだって、「応援されている」ということだ。貴重な時間を割いてSNSを見てくれて、さらに労力を使ってポジティブなコメントを書いてもらえるなんて、応援以外のなにものでもない。

「数よりも質」を大事にしたい僕にとってはSNSも同じこと。フォロワーの数が増えるのはうれしいけれど、元気になるようなコメントをもらえることはもっとうれしい。

10万人のフォロワーがいても、コメントがゼロじゃ意味がない。反対に、たとえ1万人しかフォロワーがいなくても、そのうち100人がいつもあたたかいコメントを送ってくれる限り、僕はその100人のために喜んでもらえることをしたい。応援してくれる人は、僕の大切な仲間だと思っているからだ。

応援される生き方をするのは、図々しいことでも悪いことでもない。だから、何かをはじめたいけれどひとりでは心細いという人は、どんどん応援してもらったらいいと思う。今は応援される人だけではなく、応援する人もハッピーな気持ちになれるような基盤が世の中にある。

「応援消費」という言葉を知ったのは、10年くらい前のことになるだろうか。

当時、東日本大震災で大きな被害を受けた地域の人々にお金で直接支援する方法のほかに、農作物や海産物を購入することで支援につながるという応援消費活動を経験した人も多いはず。経済的支援をすることで、窮地に立たされている人や頑張っている人を応援できることを僕たちは知った。

あれから年月がたち、応援消費という言葉は定着したものの、以前とはニュアンスが少し異なってきているのを感じる。

というのも、以前は困っている人や頑張っている人を応援することが目的だったことが、今は応援することで自分自身にも幸福感をもたらすことに気づいたのだ。

応援することで、相手が喜ぶだけでなく自分もうれしくなる。それは、クラウドファンディングやふるさと納税の返礼品のような形でリターンがあるものもあれば、「喜んでもらえて、こちらもうれしい」という形のないリターンもある。共通しているのは、応援した側の人間の幸福度が上がることだろう。

つまり、応援される人も応援する人も幸せになれる世の中になったのであれば、もっと堂々と応援したりされたりしてハッピーな気持ちを膨らませていけばよくないか？ということを言いたいんだ。

そのためにも、**自分から「応援してほしい」と言えるかどうか**。これは、これからの時代を生き抜くために身につけておきたい、マストなスキルになる。

カネ。カラダ。アイデア。
どれかを使え。

「同じゴールを持つ」ということ

「応援される人になるには、どうしたらいいですか？」と聞かれることがある。

たしかに僕は、多くの人たちに応援されてここまで生きてきたと思っている。だから「RYUさんみたいに、応援される人になりたい」と思ってくれる人もいるのかもしれない。

僕が心に決めているのは、「カネか、カラダか、アイデアか。どれかひとつを必ず使う」ということだ。といっても、僕が得意とするのは「カネ」以外のこと。つまり、経済的支援ではなく「カラダ」か「アイデア」を使うこと、ということになる。

2017年にスタートした「世界のタマミヤプロジェクト」でも、僕はおもに「カラダ」を使っている。

世界のタマミヤプロジェクトとは、地域創生・地域再生活動のひとつ。かつては賑わいを見せていた岐阜駅前の飲食繁華街のタマミヤと呼ばれるエリアを、ふたたび観光地化させて世界に魅力を発信していく活動だ。

世界のタマミヤプロジェクトにプロデューサーとして携わっている僕は、協賛してくれる企業やお店を探してまわったり、クラウドファンディングで企画を広めたりお金を募ったりしている。それが奏功したせいか、世界のタマミヤプロジェクトは今年で5年目を迎え、岐阜の顔となる活動にまで成長した。

ほかにも、世界のタマミヤプロジェクトの一環として、今も僕は仲間と集って毎月第3水曜日、朝8時から街のクリーン活動をしている。

昭和レトロを感じさせる風情のあるタマミヤの街並みを維持する目的もあるけれど、カラダを使って街を掃除することで人とつながりやすくなるというメリットもある。R

YUREXを知らない人にも「地元のために動くことをいとわない人なんだな」と理解してもらいやすくなる。

もしも、この本を読んでくれている人のなかで、これから地方でビジネスをはじめたいと思っている人がいるなら、「地方でのビジネスは、東京以上に人とのつながりが大事」と考えていい。

誰かの紹介がきっかけで次の誰かとつながり、やがてその土地でトップと呼ばれる人とつながる、ということは地方では珍しくない。むしろ、その土地で暮らしている誰かの紹介がなければ、うまくいかないことも多いかもしれない。

地元の人に応援してもらえることは、何十人、何百人という味方を得たのと同じくらい心強いこと。そう考える僕にとって、カラダを使って朝から街の掃除をすることは、大きな意味のあることなのだ。

「アイデア」を使う時、もしも自分の考えがうまく形にできそうもないとしたら、スキルのある人を巻き込んで力を借りる方法もある。

たとえば、僕は手段として行政を巻き込むと、仕事をミスなくスピーディに進められることを、身をもって知った。

それまでどこかから聞かされた話によって「行政は敵。下手にかかわると損をする」というような漠然とした印象を持っているなら、今すぐアップデートしたほうがいい。なぜなら、自分にとって得だからだ。


こう言ったら怒られるかもしれないけれど、今の行政の人に対する僕のイメージは「学生の時、同じクラスにいた勉強のできるヤツ」。

行政のルールや資料づくりのコツ、行政的にOKなアプローチなどを熟知している、優等生的な存在だ。こういう人たちを巻き込むと、僕のアラの目立つようなアイデアでも、過不足なくビシッと整え、承認がおりる企画になるようなヒントを授けてくれることも多い。

助成金を申請する時も、大いに役立った。企画書を持ってアイデアを伝えると、内容を理解したうえで、「だったらこういうやり方もあるかもしれませんよ」などと、僕の知らない情報を教えてくれたのも行政の人だった。何度か説明をしに足を運ぶうちに親しくなって、「せっかく市民のためにある助成金ですから、僕らとしても有意義に使ってもらいたいです」と本音を聞くこともできた。

つまり、僕も行政の人も「地元の人のために何かをしたい」という同じゴールに向かっていることがわかったのだ。

スキルのある人を巻き込んで応援してもらえるようになったら、自分のアイデアを形にしやすくなるのは明らかだ。

そのための一歩は、まずアイデアをスキルのある人に伝えること。応援してほしいことを相手に伝えることしか選択肢は、ない。

言葉がなくても応援はできる

応援することで幸せを感じることができるなら、「応援される人」より「応援する人」になりたいと思う人もいるかもしれない。

応援される人になるために必要なのが「カネか、カラダか、アイデアか。どれかひとつを必ず使う」だとしたら、僕が思う「応援する人」になるために持つべきものはただひとつ、「才能を信じる力」ではないだろうか。

僕がはじめて「応援する人」に出会ったのは、音楽をはじめたばかりでガソリンスタンドのアルバイトをしている頃で、名前をハマちゃんという。

ハマちゃんは、僕のバイト先のガソリンスタンドの前にある歯科医院を営んでいる。

ある時、近所でバイトをしている僕がインディーズデビューすることを知ったハマちゃんは、「ちょっと歯、変えたるわ。芸能人は歯が命や」と言ってくれたのが、僕とハマちゃんが定期的に会うようになったきっかけだった。

音楽をするためにバイトをしていた当時の僕には、当然、治療以外の目的で歯にお金をかけるなんて不可能だった。もちろん、ハマちゃんはそれを承知で、バイトに入るたびに僕を歯科医院に通わせ、少しずつ歯を美しくしてくれた。

「歌う時は口のなかまで見られるやろ?」と僕の銀歯を白くしてくれたりもした。

ハマちゃんは僕がメジャーに行ってからもなんら変わることなく、音楽だけでなく、僕のいろいろな話を聞いてくれる人でいてくれたのはありがたかった。「けど竜次、お前ならデキるぜ」というハマちゃんの口グセに、何度励まされたことだろう。

札幌での最後のライブにもハマちゃんは来てくれた。ライブの翌日からハマちゃんと僕は、二人で北海道をバイクで旅する約束をしていたからだ。

その頃はすでに歌うことが苦しくなっていた僕だったけれど、北海道のライブを楽しみに思えたのは、翌日からのハマちゃんとのバイク旅に寄せる期待が大きかったからかもしれない。僕は、ハマちゃんと北の大地をハーレーダビッドソンで疾走するために、大型自動二輪免許を取得してその日に備えた。

約束どおり、ライブが終わった翌朝、僕らはハーレーダビッドソンＸＬ１２００Ｎをレンタルして北海道旅に出発した。行き先を決めない僕らの旅は、すべてが自由でただひたすらに痛快だった。

地元のスーパーマーケットで買った食材を、持参したキャンプ道具の七輪で焼いて肴にしながら酒を飲むのも、豪雨の大自然のなかで全裸になった途端「クマ出没注意」の看板を見つけて慌ててジーンズを穿いたのも、ハマちゃんと二人だったから楽しかった。

北海道旅の間、ハマちゃんはひと言も僕に音楽のことを聞いてこなかったのは、彼の優しさだと今でも思っている。出会った頃から変わることなく僕の才能を信じ続けてくれたその人は、ボーカリストとして最後の時までさりげなく僕の心に寄り添って応援してくれる、素敵な人だった。

応援する人は、自分の信じた才能が花開くのを見ることが、自分の喜びにもなること。応援される人だけでなく、応援する人にも美学とか形のないカッコよさがあること。そこに気づけるかどうかで、僕らの生き方のセンスはぐっと高まるはずだ。

「役に立つもの」より
「意味あるもの」を選べ。

なぜ人は「意味のあるもの」に惹かれるのか？

マーケティングの専門家の話によれば、かつては「役に立つもの」がヒット商品になったものの、なんでも満たされている今は「意味のあるもの」に魅力を感じる人が増えてきているという。

たしかにそうだな、と僕も思う。

たとえば、インターネット上にあふれる情報もそうだろう。まだネット検索に慣れていない頃は、ゴマンと並ぶ役立ちそうな情報に興奮したものだ。ところが今は、手軽に閲覧できる大量のお役立ち情報より、限られた時間内にどれだけ自分にとって意味のある情報だけを選べるかが課題になっている。

僕にとってまったく意味のない情報なら、いくらそれが一般的には役に立つ情報だとしても必要はない。そうキッパリと言い切れるほど、以前とは情報との付き合い方が変化している。

働き方や生き方だって同じことがいえるのではないだろうか。まわりの人の役に立つ働き方や生き方をするのもいいけれど、自分にとって意味のある働き方や生き方をするとより満足度が高まるのは事実。意味のある仕事や意味のある生き方には、応援してくれる人も集まりやすくなるだろう。

ところで、なぜ僕らが意味のあるものを魅力的だと感じるのか、考えたことがあるだろうか。おそらく、その答えは**「意味のあるものにはストーリーがあるから」**だと僕は思っている。

たとえば、僕は米フォード社のマスタングに乗っている。もしも「役に立つ」という軸で車選びをするなら、燃費がよくて故障も少ない日本車に決めることは間違いない。

ところが、僕はマスタングというアメ車を迷わず選んだ。なぜなら、僕はマスタングのデザインやエンジン音が気に入っているし、アメリカで暮らしていたこともあって

〝憧れのクルマ〟でもあるからだ。つまり、マスタングの持つストーリーを含め、僕にとって「意味のある」車ということになる。

ストーリーに価値を見出すのは本人次第だけれど、自分のしているコトや注目してほしいモノにストーリーを与えることは誰でもできるだろう。

そう考えれば、応援される人になるためには、今やっている仕事や自分の生き方にストーリーを与え、意味のある働き方や生き方を見せていけばいい。そんな考え方もできるのではないだろうか。

君の存在に、どんな意味があるか？

では、もしも今日から「意味のある働き方や生き方をしたい」と考えた時、どういうことをはじめたらいいだろうか。

僕が考える〝はじめの一歩〟は、目の前に見えたものを「なぜこれは、こうなっているのだろう？」という視点を持つことだと思う。

そこにどんな意味があるのか、どんな意味がこめられてそうなっているのかを自分なりに考えてみることで、頭のなかに「意味のある行動をするための回路」が形成されるような気がするからだ。

たとえば、車のエンブレムについて「なぜこれは、こうなっているのだろう？」と考えたことがあるだろうか。

車好きなら思い浮かべることができるかもしれないが、**フェラーリのエンブレムが「跳ね馬」であるのに対し、ランボルギーニのそれは「闘牛」だ。なぜ、馬と牛なのだろうか。**

……もともとランボルギーニ社はトラクターを販売していたが、事業の成功で得た巨万の富を持つ社長が乗っている愛車はフェラーリだったという。日頃から故障が多く不満を抱えていたフェラーリだったが、ある時、クラッチが故障してパーツ交換をしようとしたところ、なんとそのパーツはランボルギーニ社のトラクターに使用しているものと同じだったことが判明。

フェラーリ社に問い詰めたところ、まったく相手にしてもらえなかった社長が激怒してつくったスポーツカーが高級スーパーカーとして名高い、あのランボルギーニだった。ランボルギーニのエンブレムが「闘牛」なのは、フェラーリの「跳ね馬」に対抗したからだ……という有名なエピソードがある。

じつはこのエピソードは事実ではないとする説もあるが、僕は事実であろうとなかろうと、エンブレムひとつにこめられた意味を考えることは好きだし、横たわるストーリーをあれこれ想像するのも楽しい。こういうエピソードが有名になっていること自体、ランボルギーニやフェラーリが多くのファンに応援されているともいえる。

見渡してみると、僕らのまわりには何かしら意味のあるものばかりだと気づく。

さて、そこで僕らが考えるべきは、**「自分には、どんな意味があるのか？」**ということだ。

何かを行動する時は「自分がそれをするには、どんな意味があると思う？」と考え、「それをすることで、どういう意味が生まれるか？」をまた考える。少し哲学寄りの話になったが、そうやって思考を深めていくことが意味のある働き方や生き方につながるものではないだろうか。

だってせっかく生まれてきたのだから、意味のある人生を送りたいし、意味のある人間でいたいと思わないか？

リーダーなら「未来」を見せよ

「RYUさん、ちょっと相談に乗ってください」

年齢を重ねたせいか、そんなふうに声がかかることが増えたように思う。最近は、若い経営者からの相談事が多い。世の中の流れが変わり、これまでと同じように経営することが難しくなった、という背景もある。

窮地にいる人がその状況を打破しようとする場合、2つのパターンがあると思う。


ひとつは、「こんな時だからこそ、何かをやろう」と積極的に動くタイプ。自分の手に負えないことが原因でピンチになるのは仕方がないとしても、そんな不幸にただ巻き込まれているだけなんてガマンできない。だから、「自分にできることは何か?」を考えることに知恵をしぼり、たどり着いたアンサーを信じて行動に移そうとする。

今の僕も、完全にこっちのタイプだ。「自分にできることで、みんなが喜ぶことは何か?」をいつも考えているし、考えることで自分のモチベーションが上がる。

2020年は新しいウィルスの影響もあって、僕がプロデュースする世界のタマミヤプロジェクトの活動にも制限がかかった。

そんななかで僕がとった行動は、当時、圧倒的に不足していたマスクを配ることだった。地元のアパレルブランドの力を借りてつくったマスクには、「ACTION TAMAMIYA」とロゴを入れてもらった。「何もしないでいるより、まず自分のできることで行動を！」という僕の想いがこもっている。

このマスクをタマミヤエリアの飲食店や地元の教育委員会などに合計３０００枚、無料で配布した。

「マスクが不足していることで困っている人たちを応援したい」という思いではじめたことだが、実際にやってみたら僕のモチベーションも上がる結果になった。〝応援する人〟になった僕は、多くの人から感謝の言葉をもらってうれしい気持ちにさせてもらえただけでも十分だった。

おまけに、「ACTION TAMAMIYA」のロゴの入ったマスクをつけてくれる人が増えたおかげで、世界のタマミヤプロジェクトの活動を知り、賛同してくれる人も増えた。まさに、応援する人の幸福度が上がった出来事だった。

「こんな時だからこそ、何かをやろう」と積極的に動くタイプは、窮地から脱出する方法の探し方を知っている。しかも、誰かを応援しているようで、じつは自分もしっかり元気になっているということだ。

窮地にいる人がその状況を打破しようとする場合のもうひとつのパターンは、新しいことに挑戦しようと上を向くより、先細りになっていく将来への不安で下を向いてしまっているタイプだ。

「もうダメかも」「これ以上、アカン」などと嘆き、モチベーションの低さがまわりにもダダ漏れしている人は、まわりに不安を与える。それまで本人を支えてくれていた人たちにも不安は伝染し、ひとりふたりと去ってしまうことにもなりかねない。経営者の命綱ともいえる「いい人材」が自分のもとから離れていくのは、ビジネスでも致命的な影響を及ぼすだろう。

「いいリーダーは、いつでもモチベーションの高さをキープしている」というのは僕の持論。

「こんなことができると思わない？」「こんなことになったら楽しくない？」というように、モチベーションを高くしていると、人は集まってくるもの。そういうリーダーは必ずといっていいほど応援されるようになる。

応援されるリーダーは、未来を見せてくれる。

「人は楽しい未来を見せてほしいものなんだ」と僕が確信したのは、いわゆる「コロナ禍」といわれた先のまったく見えない時期におこなった、クラウドファンディングでの「タマチケ」の販売で、目標額を大きく上回る338万円という支援金が集まった経験からだ。

地元、岐阜駅前のタマミヤエリアで「アフターコロナ」に先んじて、再オープンする飲食店での飲食時や、現在営業中の店のテイクアウト弁当やデリバリー商品の購入時に活用できるタマチケ（タマミヤチケット）を、お得な金額で買ってもらうことで、今、窮地に立たされているお店を応援しよう、というものだ。

この試みが成功したのは「あの頃のように楽しくタマミヤエリアで食事ができる！」というポジティブなイメージを多くの人たちが描いてくれたからにほかならない。多くの人たちの心が動かされたからこそ、今はまだ手に入らない〝未来〟にお金を払ってくれたのだと思っている。

希望にあふれた未来を見せてくれる人に、人は集まってくる。

だから窮地にいる時は、まわりで支えてくれる人たちの心を動かすような未来を見せてあげることを考えると、そこから脱出できる確率は高いと僕は思っている。

このことは、意外とどんなビジネスにも共通していえるような気がするけれど、はたして今のあなたの場合にも当てはまるだろうか？

つらい時こそ、
応援してみよう。
不思議と豊かな
気持ちになれる。

「自分なり」でいいから、まず動け

誰かを応援することで、自分の幸福度も上がることはわかった。ところが、「自分にはまだ誰かを応援する力がない」「時間的にも経済的にも誰かを応援するほどの余裕はない」と考え、アクションを起こせずにいる人もいるかもしれない。

でも、はっきり言って、それは単なる思い込みだ。誰でも今自分が持っているもので十分、誰かを応援することはできる。「いいね！」をクリックするだけの3秒もかからずにできる応援もあれば、500円の弁当をひとつテイクアウトすることで「お互い頑張りましょう」と気持ちを共有できることもある。

問題は、どれだけ自分に力や余裕があるかじゃない。動くか動かないか、それを自分で決めるだけだ。大事なのは動くと決めることであって、その方法は自分なりの応援スタイルでいい。

僕がそう思えるようになったのは、僕自身が「誰かのために行動している状況じゃない」というくらいピンチに陥っていた頃の話で応援することを頼まれたからだ。

歌えなくなった僕のことをどこかから知ったＮＨＫの人が「ドキュメンタリー番組をつくりませんか？」と声をかけてきたのだ。

当然のことながら、僕は断った。病気のことを前面に出して自分のことを知ってもらうのにも抵抗があったし、歌うことができなくなった自分にＴＶを通じて応援できることがあるなんて想像できなかったからだ。

尻込みをする僕に「違いますよ、ＲＹＵさん」と相手は言った。そしてこう続けた。

「ＲＹＵさんの苦しかった状況や現在の活動まで、すべてありのまま知ってもらうことには意味があるんです。今、世の中でつまずいている人や苦しんでいる人はいっぱいいますが、その人たちの背中を押してあげたいんです。ＲＹＵさんにはそれができるはずなんです」と。

僕は、目からウロコ級の衝撃を受けた。「そんなとらえ方もあったか！」と。当時の僕は、自分自身を立て直すことに必死だったこともあり、そんな**自分の姿を見せることが誰かの応援になるなんて思いもしなかった**からだ。

でも、視野を広げて考えてみれば「そういうのもアリかもしれないな」と納得できることだった。人生でつまずいたり転んだりすることなんて、誰にでも起こることなのかもしれない。

ただ、つまずいたまま、転んだままで立ち上がれない人もたくさんいる。そんなふうに苦しくて歯がゆい思いをしている人たちに「こういう人もいるんだな」と僕を見てもらえるなら、そしてそれが応援することになるならとてもうれしい。

「僕にできることがあるかもしれない」

それが僕の決めた結論だった。

結局、「ＲＹＵＲＥＸドキュメンタリー『歌声を失くしたシンガー』」というドキュメンタリー番組として放映され、多くの人に見てもらうことになった。大事なものを失った と思い込んでいた僕に、応援することで受け取れるあたたかい気持ちを教えてくれた大切な番組になった。

一見、何も打つ手がないように見える状況にいる人に、「こういう立ち上がり方もあるんだな」と、ひとつのライフシフトの形を知ってもらうことには意味がある。

この本だって、そんな想いを込めて書いている。

第 4 章

ものごとの本質に気づけ

Before you point your fingers,
make sure your hands are clean.

誰かを指さして批判する前に、
自分のその手が汚れていないか確かめろ。

── Bob Marley

誰と出会うか。
何に気づくか。
それで十分だ。

「超えたい背中」はあるか？

あなたには、「超えたい背中」があるだろうか？

「こういう人になりたい」「この人、すっげーカッコいいじゃん」と、いつも眩しく感じられる憧れの存在の人、それが超えたい背中だ。

僕には、ある。いつか超えたいと思っているけれど、絶対に超えることはできないとも思っている、大きすぎる背中がある。MEGARYUの生みの親、加藤学さんだ。

加藤さんとの出会いは、1章で書いたナーキさんと前後するタイミングだ。つまり、MEGARYUと改名する前のMEGAHORN&RYUREX時代の頃にさかのぼる。

加藤さんといえば、伝説の雑誌『レゲエ'82』『サウンド・システム』を創刊し、『レゲエ・マガジン』の編集長を長年務めた、僕らの先輩たちのミュージシャンも全員ひれ伏すほどのレジェンド的存在の人だ。

当時、まだレゲエを仕事にしている人が少ないなか、1980年代から大規模な野外レゲエミュージックフェスティバル「レゲエ・ジャパン・スプラッシュ」というイベントを開催したのも偉大な功績だけれど、エンジニアまでジャマイカから呼び寄せたりする、仕事のディテールへのこだわりもとにかくすごいことで有名だった。

だから僕らは、そんな加藤さんから「一緒にやって行きたい」と言ってもらった時は、「マジすか!?」と、にわかには信じられないほどうれしかった。レゲエ界のレジェンドからいろいろ教えてもらえるチャンスなんて、そうそうあるはずがない。

それから僕らは10年間という長い時間を加藤さんとともに過ごし、加藤さんにプロデュースしてもらう傍らでレゲエのこと、音楽のこと、仕事のことなど本当にいろいろなことを加藤さんから教えてもらった。

ハイライトをチェーン・スモークすることも、キリンの瓶ビールを飲む仕草も、缶コーヒーをメチャクチャ飲む様子まですべてが、「なんか、すっげーな」と思わせる人だった。

加藤さんは仕事面ではとても厳しく、新人の頃から僕らをゴリゴリ鍛えてくれたが、好きな音楽をさせてもらえる自由もあった。自分たちで考えるオリジナルの曲を思いどおりに仕上げてくれる、楽曲制作のトラックメイカーまで用意してもらえたこともうれしかった。レゲエのことを知り尽くしているにもかかわらず、「自分らの音楽でいいよ」と僕らを泳がせてもらえたからこそ、僕らは自分たちらしくのびのびと音楽をできたのだと思っている。

2011年の全国ツアーについてきてくれた加藤さんが、その2ヶ月後に亡くなった時はショックと悲しみでただただ茫然とした。まだ56歳という若さだった。もっともっと教えてほしいことがあったのに。

でもそんな泣き言を口にした瞬間、絶対に「馬鹿野郎！」って、いつものように叱られるはず。自宅のある仙台でいとなまれた加藤さんの葬儀で弔辞を読むはずだった僕は、あろうことか泣きすぎてしまったためにまったく言葉にならなかった。

あの時、本番でしくじった僕のことも「馬鹿野郎！」って叱ったかもしれない。いや、本当にもう一度叱ってほしいよ、加藤さん。

そんな加藤さんに対し、「もう、絶対にかなわない。背中を超えるのは無理だわ」と僕が確信したのは、じつは彼が亡くなった後のことだ。

葬儀が終わって、加藤さんのご家族にはじめてお会いしてご挨拶をした時、「褒められたことなんて一度もなかったけれど、厳しさのなかにも優しさのある加藤さんには本当にお世話になりました」と伝えた僕に、奥さんとふたりの息子さんは「え？」という顔をした。

そして息子さんは静かに口を開いた。

「たまに家に帰ってくると、親父はいつも『ＭＥＧＡＲＹＵの二人みたいな男になれよ』って言っていたんですよ」と。

最愛の家族と離れて暮らし、僕らのために我が身をすり減らして頑張ってくれただけでもありがたい話なのに、そのうえ僕らのことをそこまで大切に思ってくれていたのかと思ったら、僕はまたもや涙をこらえることができなくなっていた。僕のなかで「いつか超えたい背中」は、「いつまでも超えられない背中」に変わっていた。


あなたは、もう「超えたい背中」と思えるような人に出会えているだろうか？

もしまだだったら、その人との出会いを心から楽しみに待っていてほしい。

そして、ひとつでも多くのことをその人から教わってほしい。

それはきっと、「いつまでも色あせず一生、そのすべてがずっと宝物さ」と思えるような、かけがえのないものになるだろう。

言えなかった「ありがとう」

MEGARYU
作詞：MEGAHORN・RYUREX
作曲：MEGAHORN・RYUREX

ありがとう溢れる思いを　あなたに
この歌に込め愛をギュッと　あなたに

ありがとう溢れる思いを　この歌に込め愛をギュッと
あなたに　今すぐ　届けたいよ
あなたとの素敵な思い出　いつまでも色あせず一生
その全てがずっと宝物さ

全てに嫌気がさしてあなたにあたった　時期もきっとあった
若かった　馬鹿だった　空しさが深まった　だけだった

あなたは少し悲しげに黙った　ままでその場から立ち去った
こんなに理不尽な僕を決して責めたりはしなかった

時は流れ気付き始めた　かけがえのない大切なものに今

ありがとう溢れる思いを　この歌に込め愛をギュッと
あなたに　今すぐ　届けたいよ
あなたとの素敵な思い出　いつまでも色あせず一生
その全てがずっと宝物さ

桜が舞う旅立ちの日に　背中を押してくれた
照りつける太陽の下でも　強さを見せてくれた
紅色に染まる山のような　大きなやさしさと
凍える体包みこむような　ぬくもりをくれた

早く行きたいなら
一人で行け。
遠くへ行きたいなら
みんなで行け。

人生にもプロデュース力は大事だ

一度だけ、加藤さんと取っ組み合いのケンカをしたことがある。

「竜次、オマエはいちばんじゃねえぞ」という加藤さんの怒声は恵比寿の居酒屋中に響き渡り、その迫力に一瞬店内はシーンと静まり返った。取っ組み合いのケンカになった原因は、僕とMEGARYUを支えてくれているメンバーの関係についてだった。

僕の言い分は、「僕らを支えてくれるメンバーの存在は欠かせないけれど、ステージに立つ僕はこのなかの誰より輝いているスターでいたい。それが、チーム全体を引き上げる大事な要因だと思う」というもの。つまり、僕がトップに立って、メンバーのみんなを引っ張っていくべきだ、というもの。

ところが、加藤さんが僕の考えを全否定した。「いいや、それは違う。オマエはいちばんなんかじゃない」と。加藤さんは、「思い上がっちゃいけない、MEGARYUは二人で成功したわけじゃないんだから。メンバーの存在があってつくられる、ひとつのチームだ。そのなかに一番も二番もない」ということを僕に伝えたかったに違いない。

実際、MEGARYUは二人のスターがいる、いいコンビだったと思っている。僕と相方のMEGAHORNは声質も性格も正反対だったけれど、お互いが自分にないものを持っているからこそ高め合うこともできたし、フォローし合うことも自然だった。二人でいたから、いい攻め方をできるんだと信じていた。

ただ、チーム戦ということを時々忘れそうになり、調子に乗ってしまいそうになる僕を戒めるためにも、そしてその場にいた僕以外のメンバーたちのモチベーションを下げないためにも、加藤さんは僕を叱った。そして、みんなの見ている前で取っ組み合いのケンカになったのだ。

あれから10年以上たち、僕自身もプロデュース業が増えた今、加藤さんがあれほどこだわって僕に教えてくれたチームワークの意味がようやくわかるようになった。

トップダウンの組織型ではなく、横のつながりを大事にするスタイルで物事を進めていくことが多くなると、なおさらチームワークの大切さを実感する。いいチームワークだと、クオリティの高いプロデュースワークができるからだ。

一方、プロデューサーとしてチームワークを育てていくことも大事な仕事だ。これも、いつだって製作陣から絶大な信頼を寄せられている加藤さんから学んだことのひとつだ。

そのためのひとつとして僕なりに考えて実践しているのは、**意見が錯綜しそうになった時に「このプロジェクトの目的は何？」とチームメンバーに問う**ことだ。

「こんなことをしたい」という手段ではなく、「こうなってほしい」「こうありたい」という目的を最優先して考えると、自然にその目的のために必要なことがメンバー内で共有できるようになる。メンバー全員が同じゴールに向かって進んでいるチームは強い。

ＭＥＧＡＲＹＵ時代に学んだことは、こうやって今でも僕の血となり肉となっている。プロデュースの仕事をする時に「加藤さんならどうするかな？」と考える瞬間もあるけれど、僕も加藤さんのように仕事にプライドを持って臨むことを忘れずにいようと思う。

人は、何に苦しみ、
涙し、歓喜するか。
本質に「気づく力」を
身につけよ。

ＴＴＰから「本質」にたどり着くこともある

「心で見なければ物事はよく見えないってこと。大切なことは目に見えないんだよ」

フランスの童話『星の王子さま』の有名な一説だ。

僕もそう思って毎日を生きている。いつも、目に見えている向こう側にある「見えないもの」を見ようとしている。

たとえば、誰かに「それはよくないね」と注意された時、異論や反論を唱えるのではなく、「この人は、なぜ自分に注意したのだろう？」と考えることには、自分が成長するヒントが隠されていることが多い。相手から受けた注意についても、もしかするとそれが危険だから止めようとしてくれているのかもしれないし、自分が同じ過ちをした経験があるからかもしれない。

見えないものを見ようとするのは、相手の意図を探ること。相手の意図を理解しようと考えるのは、いろいろな価値観に気づけるようになるための、思考のトレーニングにもなる。そのトレーニングによって得られるのは「気づく力」だ。

僕はそのことをMEGARYU時代に学び、今ではすっかり習慣になっている。

「気づく力」は、その人が大事にしていることや、心で思っていることなどがわかるようになるだけではない。**相手の価値観や本心を理解できるということのほかに、もうひとつ〝ヒットの芽〟が見えやすくなる**というメリットもある。

プロデューサーの仕事のなかには、「次の音楽フェスでどのアーティストをキャスティングするか？」というような重要な役割もある。なぜ重要かというと、魅力のあるアーティストを呼べるかどうかでイベントの前評判が高まり、当日のステージの盛り上がりも驚くほど変わるからだ。

だからこそ、僕はいつでも「このミュージシャンは伸びそうだな」とか「このバンドは売れそうだな」というようなアンテナを張って、いろいろなジャンルの音楽のライブに足を運んでいる。〝ヒットの芽〟が見えやすくなることは、プロデュースの仕事をする際、成果に直結する大事なことなのだ。

実際、まだ注目されていないけれどいい音楽をつくる彼らに気づき、岐阜のステージでパフォーマンスをしたことがきっかけで人気と知名度が上がっていくアーティストもいる。僕自身は自分が気づいた〝ヒットの芽〟が思惑どおりに花を咲かせたこともうれしいし、応援する側の喜びもひとしおだ。

自分のなかの「気づく力」を高める方法はふたつある。

ひとつは、「気づく視点を持つこと」だ。3章で、意味のある人間になるためには「なぜこれは、こうなっているのだろう?」という視点を持つことだと説明したが、これには「気づく力」を高める効果もある。日常生活で目にすることの裏側にあるものを想像することで、「気づく力」は自然と身につくようになる。

たとえば、先日も気づいたことがある。その日はイベントがあって、朝5時からスタッフと設営の準備をしていた。イベントは住宅街にあるスクランブル交差点の近くで、定期的に信号が静かに点滅していることは視界に入っていたものの、しばらくするとある変化が起きた。それまで無音だった信号機が朝7時をまわったところで、「カッコー、カッコー」と鳴りはじめたのだ。

「ん？　なぜ突然、鳴りはじめたのだろう？」と考えた。そして、おそらく7時以前は近隣住民の眠りを妨げないように、信号機の音を鳴らないような設定をしているのではないだろうか。それが正解かどうかはわからないけれど、見えない思いやりの形があることに気づくことはできたわけだ。「気づく力」を高めるトレーニングにはなるだろう。

もうひとつの「気づく力」を高める方法は、「TTP」だ。TTPとは僕が名付けた「徹底的にパクる」の略語。自分が「いいな」「すごいな」などと心を動かされた人のことを徹底的に研究して自分のものにする、という方法だ。こうすることで、なぜその人が輝いて見えるのかに気づくことができるようになる。

僕がMEGARYU時代によくTTPをしていたのは、勢いのあるバンドやミュージシャンがステージで見せるパフォーマンスについてだ。彼らが見せる、客席とのコール&レスポンスの上手さやトークのカッコよさなど、音楽以外の部分で「いいな」「すごいな」と思えるところを徹底的に研究すると、なぜ魅力的に見えるのかという秘密に気づくことができる。

売れている人を見る時、「なぜ自分はダメなんだろう」「どうしてあんな人が人気なんだろう」などという嫉妬心が芽生えるかもしれない。それはそれでいい。大事なのはそこからだ。

他人と比較しただけで終わるような、ネガティブなエネルギーの使い方をするのはもったいない。だったら、「どこが売れる要因か?」を研究して気づく力を高め、ついでに得られた結論を自分のなかに取り込んでしまうほうが、ずっと賢い方法だと思わない?

気づく力を高めることは、必ず自分の武器になる。

自分を明確に知り、
相手に正確に伝える。
ブランディングだ。

3つの円で「強み」を明確にしろ

「自分の強みが何かわからない」「自分に強みがあると思えない」と悩んでいる人がいる。その気持ちがわかるのは、僕も歌えなくなった時にぶつかった壁でもあるからだ。

2章でもお伝えしたとおり、僕は紙にペンで自分の好きなことやできることをどんどん書いていって「自分の棚卸し」をすることで、自分の強みを探っていくことをした。

もしも、まだあなたが自分の棚卸しをしていない場合や、棚卸しをしたけれど自分の強みが見つからない場合、次の方法をためしてみることをおすすめする。自分の強みを知ることを先延ばしにしていいことなんて、ひとつもない。

自分の強みを知る方法は極めてシンプルだ。**「求められること」「できること」「好き**

なこと」という3つカテゴリーに当てはまるものをそれぞれ考え、その3つの円が重なる部分が自分の強みということになる。たとえば、僕の場合で考えてみよう。

「求められること」は、多くの人を集客できる経験やノウハウがある、ということになるだろうか。社会から求められていることは「お金になること」にもなる。誰かに何かを教えることがお金になる人もいれば、持っている資格が重宝される人もいるはずだ。

「できること」は、照れずに自分に正直になる部分だ。僕の場合なら、音楽やエンタメの世界でトップをとる力があることだ。誰かに何かを求められた時、応えられることがここに分類される。

「好きなこと」は、多くの人に喜んでもらうことで僕は間違いない。夢中になれることや、やっていると気持ちが上がるものが、自分にとって好きなことだろう。

僕の3つの円の重なりの部分には、今の僕が現在進行形でやっている、岐阜の地元でのイベントのプロデュースは最大限、自分の強みを活かした仕事が入りそうだ。仕事への幸福感と満足感が高いことを考えると納得できる結果だと思っている。

さて、あなた自身の強みはなんだろうか。

自分の強みを知る方法

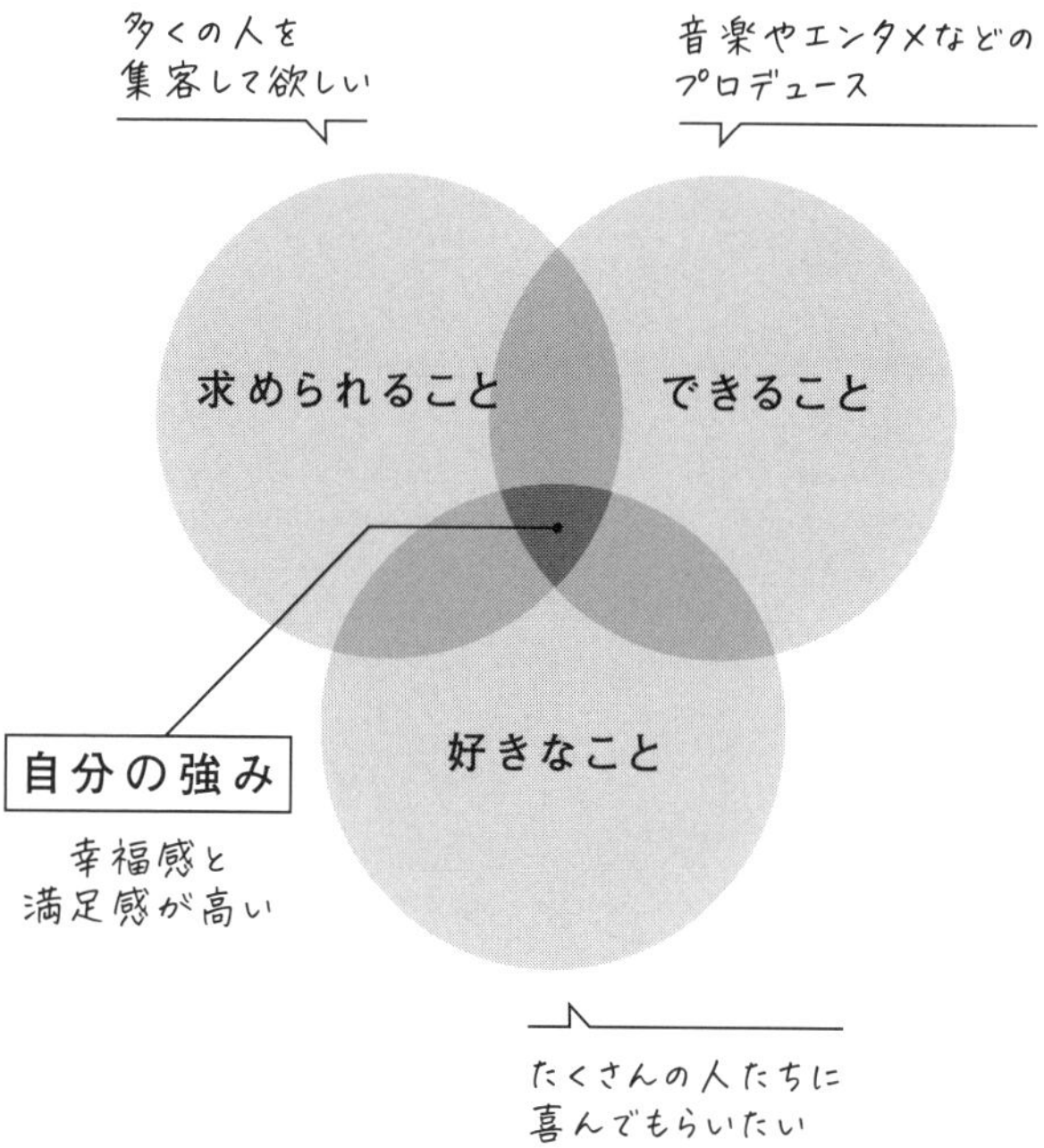
多くの人を
集客して欲しい
音楽やエンタメなどの
プロデュース
求められること
できること
好きなこと
自分の強み
幸福感と
満足感が高い
たくさんの人たちに
喜んでもらいたい

人生100年時代を迎えようとしている今、自分に強みを知る意味が大きい。これまでの「学生↓社会人↓老後」という3つのステージを順番に生きる人生から、もっとカラフルなステージを順不同で選択しながら生きていく人生へシフトするといわれている。組織に属さず独立して働いたり、異なる種類の活動や仕事に同時に携わったり、時には自分探しの旅に出ることもあったりと、自由に生きていくようになる。

その時に必要なのは、やはり自分の強みが何かを知っていることだ。自分が何者で、どんな強みを持っているのかを把握してさえいれば、いつ、どこで、何をしていようと、自分らしく生きていられると思わないか？

伝わる量が倍増する「伝える力」

言葉を大事にしている僕は、「どんな言葉を選ぶか」と同じくらい大切にしていることがある。それは、「どんなふうに伝えるか」だ。

「伝え方」についてはコミュニケーションの基本としてすでに知っていることかもしれないけれど、意外と雑に扱っている人もいるのではないだろうか。同じことを伝える場合でも、伝え方をほんの少し変えるだけで「伝わり方」と「伝わる量」は激変する。


伝え方を意識するだけで相手の理解力が格段にアップする、と学んだのは学生の頃だ。当時、教育学部の大学生だった僕は、教育実習で小学生の算数の授業で教壇に立つという経験をした。「角度を教える」という授業の前になって、僕は焦った。「まだ角度という言葉すら知らない子どもを相手に、どうやって90度とか180度とかを教えればいいんだ?」と。

ところが、さすがベテランの先生の指導は明快だった。「はじめは、大小2匹のワニの口でたとえてみたら?」と僕にヒントをくれたのだ。つまり、小さく口を開けている体の大きいワニと、大きく口を開けている体の小さいワニを色紙でつくり、「どちらが大きい?」と聞いて角度というものの概念を体感させたらどうか、という提案だった。

何も知らない小学生に対しては、「角度とは〜」とはじめて聞く言葉で説明するより、知っている動物のパーツを使って見せたほうが理解してもらいやすいのは当然だろう。

「できるだけわかりやすく伝えたほうが、相手に理解してもらいやすい」というのは、相手の年齢や環境に関係なく当てはまることだ。

「こんなことくらい知っているだろう」「この程度なら理解できるだろう」と思い込み、言葉を省いて伝えることでコミュニケーション上のトラブルが生じた例もいくつも知っている。

小学生がはじめて聞いても理解できるような、できるだけわかりやすい言い方で伝えることは、相手への思いやりに見えて、じつは自分のためでもあるということだ。


話す時、いわゆる「つかみ」を意識するだけで、相手に伝わる量が格段に増えることも知った。アメリカ人がスピーチをする際、はじめに「レディース&ジェントルマン〜」と言ってジョークを続け、会場中のワーッと笑わせてから本題に入る、というお決まりのパターンがあるけれど、あれが僕たちにもできれば最高だと思っている。

ポイントは「緊張感」だ。緊張したまま相手の話を聞くより、リラックスした状態で聞くほうが話の内容に集中できるもの。同じ時間話していても、伝わる量が圧倒的に増えるだろう。

つかみには、インパクトのあるものや疑問を持たせるもの、共感を抱かせるものなどさまざまある。でも、僕は相手にリラックスして自分の話を聞いてほしいし、僕が話したことをすべて伝わっていてほしいから、「笑ってもらえるつかみ」を目指している。

もちろん、アメリカ人のように堂々とジョークをいう勇気はないので、その場が和む程度の軽い「ボケ」になるけれど。要は、相手が萎縮しないような、楽しい雰囲気で伝えることが大切だ。

せっかくいいことを話しても、相手に伝わらなければまったく意味はない。伝え方を磨けば、相手とのコミュニケーションは深まり、話を理解してもらえたということで自分に自信が持てるようにもなる。

他人軸で生きるから傷つく。
自分軸で生きよ。

ネガティブな感情は原動力にしろ

歌うことが好きだった僕が声を失ったように、生きていると「まさか」と思うアクシデントや理由のわからない悪意に襲われることもある。

起きてしまったことは仕方がないとしても、起こったアクシデントやぶつけられた悪意は、決してあなたを傷つけるようなことじゃない。「そんなことで自分は傷つかない」と、まずは自分自身で決めることが大切だ。

自分で決めた瞬間から、「ムカつく」「ふざけんな」「どうして自分がこんな目に？」といったネガティブな感情は、すべて立ち上がるための原動力に変わる。「高くジャンプするためには深くしゃがむ必要がある」ということも、冷静に思い出せるようになる。

僕自身、いろいろといわれた時期があった。「歌えなくなったRYUREXに何ができるの?」「やろうとしていることが理解できない」などと、面と向かっていわれたことも一度や二度じゃなかった。

でも、僕は自分が傷つかずにいる自信があった。それはもともとのメンタルが強いせいではなく、**相手からいわれたことの答えを自分の心に持っていたから**だ。

「歌えなくなったRYUREXに何ができるの?」という言葉には、「歌えていた僕には大きな価値があると認めていてくれたんですね、ありがとうございます。これからの僕もお楽しみに!」と思っていたし、「やろうとしていることが理解できない」と言われれば「当然です。あなたたちが理解できないことだからこそ、誰もやれないことで成功するんですよ」と笑顔でかわせた。

負け惜しみに見えるかもしれないけれど、僕は平気だった。悔しさや腹立たしさで膨れ上がったエネルギーは、心ない発言の主を攻撃するためではなく、僕のことを信じてくれる人のために使おうと決めていたからだ。

ポジティブな感情がエネルギーを生むように、ネガティブな感情だって「よし、やってやるぞ」という原動力になるもの。そのほうがずっと生産的だと思わない？

10人の人がいるとしたら、そのうち1人はどんなことがあってもあなたを批判する。あなたを嫌ってくるし、こちらもその人のことを好きになれない。そして10人のうち2人は、互いにすべてを受け入れ合える親友になれる。残りの7人は、どちらでもない人々だ。

ダイヤモンド社刊『嫌われる勇気』より

これは、ユダヤ教の教えにある話だという。この話を聞いて、あなたはどう思う？あなたのことを嫌ってくるアンチの1人に注目して仕返しをしようと考えるのか、あるいは、あなたのことを応援してくれる2人の仲間にフォーカスするのか。それとも、「その他大勢」の7人に向かって何かアクションを起こすのか。

いちばんカッコいいのは、迷わず自分のことを応援してくれる2人を笑顔にするために何かワクワクすることを企画し、必ず行動を起こすことに決まっている。

しかも、そう覚悟が決まったら、この先どんなに向かい風が吹いてこようとも、もう二度と不安におびえる必要はなくなるよね。

第 5 章

悔いのない自分を生きよ

Never listen to other people's expectations.
You should live your life and
live up to your own expectation.

他人の期待に耳を傾けてはいけない。
自分の人生を生き、自分の期待に応えよう。

— Tiger Woods

他人の評価を
当てにするな。
結局、評価も
人の捉え方だ。

「いい店」は自分でつくれ

食事をするためのお店選びをする時、あなたはどうやって選んでいるだろうか。

僕のまわりでも多く見られるパターンは「ネット上の口コミで評価をチェックする」「★の数の多さで決める」というものだ。

そんな彼らに向かって、「そんなのまったく見る必要ないでしょ？」と僕がいうと、「ええーっ、あり得ないですよ！」「じゃあ、どうやって決めるんですか？」とオーバーリアクションで驚かれたり、前のめりに聞かれたりする。

だって、不思議だと思わないか？　どうして、せっかく自分が時間とお金をかけて行こうとしている店なのに、知らない誰かがつくった評価にそこまで頼ろうとするのだろうか。

いい店かどうかは僕が自分で足を運んで決める。だから僕は、お店選びの際にみんなの口コミ欄はほとんど見ていないし、何かのついでに見ることがあったとしても、そこに記載されている評価はまったく気にしない。

「味の評判とか気にならないんですか?」という質問に対する僕の答えは、「味はその人の好みだから、食べてみないとわからなくない?」としか言いようがない。

もちろん、とんでもなく不味いなら話は別だが、今どき頑張って経営しているお店が美味しくないものを提供するはずはないと信じている。

しかも、一緒に行く人と楽しくいい時間を過ごせれば、格段に美味しさがアップするのも味覚の面白いところだ。


だいいち、いい店かどうかジャッジメントする基準になるのは、店の料理人の腕やスタッフの接客態度じゃない。僕自身の振る舞い方にかかっている。お店のスタッフの対応は、僕の対応が反映されるものだと思っている。

たとえば、僕がフレンドリーに振る舞えばお店のスタッフだって悪い気はしないだろうし、その反対に僕が横柄に振る舞えば、お店のスタッフだってカチンとくるだろう。その結果、ギスギスしたやりとりになっても仕方がない。つまり、お店のスタッフの態度は、すべて自分が引き出しているといえるのだ。

そもそも人の評価ほど当てにならないものはない。僕は、今の仕事をするようになり、いろいろな人に会ってそう感じるようになった。

「あそこは仕事も社長も厳しいよ」とクギを刺されて、仕事の交渉をしに企業に向かうこともあるけれど、僕にとってはそれも挑戦のひとつ。厳しい仕事ぶりを見せられれば僕も気合いが入るし、厳しい人柄を知ればその懐に飛び込んでみる面白さもあるのでは、と打ち合わせにいい意味での緊張感がみなぎる。

ところがそういう場合、評判どおりではないことも多く、「話してみたら意外とチャーミングな人だった」「提示された条件もこちらの想定の範囲内だった」などと、ホッとしたことも少なくない。

結局は、自分の「とらえ方」次第、ということだ。

「細かい部分まで気にする神経質で厳しい人」なのか、「妥協せず完璧に仕事をする人」ととらえるか。「愛想の悪い怖い人」なのか、「人に媚びを売らない正直な人」ととらえるか。同じ人間でも自分のとらえ方によって、だいぶ印象が変わるもの。だとしたら、自分にとって心地よく、メリットがあるようなとらえ方をしたほうが、人との出会いはずっと豊かなものになるよね。

これは相手に限ったことではなく、自分のことにだっていえる。

自分自身のとらえ方を変えるだけで、今より価値がある自分や自信を持てる自分になる。すると、もっと自分のことが好きになるはずだ。

たとえば、「何をやっても中途半端に終わるダメな自分」ではなく「スペシャリストでもないのに挑戦しようとしている勇敢な自分」になるし、「何もできずにいる情けない自分」ではなく「何をしたらいいかわからないのに一歩前進しようと頑張っている自分」になる。

自分を責めて、自分にダメ出しをするより、「いつだって、いい方向に進みたいと思っている熱いハートを持った自分」ととらえると、毎日のモチベーションが変わり、その先に向かう人生が変わっていく。

だから、自分の評判は自分で決めていい。誰かに価値を決められるのを待つ必要なんてない。

何をしたい？
どうなりたい？
それはなぜ？
言語化して準備しろ。

「言葉を強くする」3つのポイント

「このままじゃマズい」「何かをしたい」「自分を変えたい」といったモヤモヤを抱えているにもかかわらず、まだアクションを起こせていないなら、「言葉の力」を借りる方法もおすすめだ。

言葉には、モチベーションを高めたり、未来を拓いたりする力がある。僕は歌を歌うことでファンのみんなに対して音楽に乗せた言葉を届けていたけれど、人のためではなく自分のためにも言葉の力を借りることがある。

自分自身を動かすために、言葉の力を活用するんだ。

自分自身を動かす時にもっともパワーを発揮する言葉は、自分のなかに生まれた感情や心の声をそのままアウトプットした時に出る言葉だ。

「もっとこうしたい」「これをやりたい」「こうなりたい」といった、自分のなかに生まれた気持ちに気づき、それを言語化すること。プライドや見栄、「こんなことを口にしたらバカにされる」とかそういうことを一切考えずに、とにかく自分のなかに湧き上がってくる感情を言葉にする。それが自分を動かすエネルギーになる。

では、自分だけでなく相手の心を動かす言葉はどうやって紡ぐと思う？　どんな言葉なら、人の心に伝わりやすいと思う？

ステージで歌っている頃からずっと作詞を続けている僕が考える、パワーの宿る言葉の紡ぎ方には3つのポイントがあると思っている。

ひとつは、**「わかりやすい言葉を選ぶ」**。

誰が聞いても誤解なく一発で理解できる言葉であることは、思っている以上に大事なことだ。「それって、どういう意味？」と聞き返される表現をしないことはもちろん、もってまわった言い方や難しい言葉づかいもしないほうがいい。

たくさんある言葉のなかから、もっともわかりやすい言葉を選ぶ。わかりやすい言葉には強さがある。だからこそ、人の心に響きやすい。

2つめのポイントは、**「できるだけ短い言葉にする」**。

ときどき、届いたLINEやメールの文章が長すぎて「で、結局何が言いたいの?」と思うことがない? これって、もったいないと僕は思う。なぜなら、せっかくもとは生きのいい言葉でも、余計な言葉で飾り立てていくうちに、本来持っている言葉の鮮度はすっかり失われてしまうからだ。

言葉はシンプルであればあるほど、人の心に刺さるもの。そう覚えておいてほしい。

最後のポイントは、**「好きな言葉を使う」**。

誰にでも自分の好きな言葉って、あると思う。単なる言葉より、そこに「好き」という最強にポジティブな感情を乗せると、俄然その言葉は力を持ちはじめるようになる。

たとえば、営業マンが会社で教わったマニュアルどおりに商品を宣伝してもまるで売れないのに比べ、自分で使ってみた結果、とても気に入ったためにマニュアルは無視して「この商品、めっちゃすごいんですよ！」と熱く語ったら売り上げが伸びた、というケースは珍しくない。

レディメイドなよくある言葉より、「好き」があふれるオーダーメイドの言葉のほうが自分にフィットする分、相手には伝わりやすくなる。

3つのポイントをおさえたら、あとは自分の言葉を口にするだけだ。力の宿った言葉で、自分自身を奮い立たせよう。言葉の力を信じて前に進もう。

アウェーに身を置く効用

もしも、自分が何者でどこに向かって行きたいのかが見えなくなった時は、ひとりになる時間を持つのもおすすめだ。頼る人がまわりにいない、いわゆる「完全アウェー」の状態になると、僕らは自然と自分と向き合うことしかできなくなる。そこから得る、大事なこともある。

僕は大学を卒業後、社会人になる前の時期、自分のことを誰も知らない環境に身を置いてみたくてアメリカに行ったことがある。

日本で暮らしていると、結局はいつもまわりには、一緒にいて居心地のいい仲間がいた。恵まれていた環境だったけれど、ひとりになって自分を試してみたい気持ちもあった。「いつも仲間とツルんでいる自分」がダサく思える時期だったのかもしれない。

だから、「アメリカでは日本人とはツルまない」と決めた。ダウンタウンに位置するコンバース・インターナショナル・スクール・オブ・ランゲージズという学校と寮の手続きだけを済ませ、サンディエゴに旅立つことにしたんだ。

ひとりで暮らす寮生活を希望したのは、現地のホームステイだと日本人のコミュニティに巻き込まれそうな気がしたからだ。

そして、はじめて留学を経験する人の多くが経験するように、僕もすべて英語で生活することに慣れるまでには時間がかかり、お約束だがホームシックの気分も味わった。

自分が何者で何をしたいかがハッキリわかったのは、ネイティブアメリカンの女性教師の授業を受けていた時だった。僕のほかにもサウジアラビアやドイツから来た留学生が何人かいて、「何をしにアメリカに来たのか？」を順番に話しているうちに、とうとう僕の番になり「歌を歌いに来た」と告げた。

もちろん、「じゃあ歌ってよ、RYU！」という流れになる。

じつは、僕は恥ずかしさから「今はいいです」と断るという、もっと恥ずかしいことをした。ところが、先生は「歌を歌いにアメリカまで来たのに、歌わないなんてどういうこと？」と激を飛ばし、もう一度僕にチャンスを与えてくれた。

「たしかに、それもそうだよな」と腹をくくった僕は、自分のなかのベストソングでもあるジャマイカのバンドの『Freedom』という歌を歌うことにした。

「黒人も白人も、インド人だって、みんな自由に生きよう」というピースフルで優しい歌詞の、大好きな歌を必死で歌っている時に、僕は腑に落ちたのだった。
「ああそうだ、僕はこうやって歌を歌いたかったんだ」と。
自分が何をしたかったのかを知った僕は、思うように言葉も通じない場所で寂しさをマックスに募らせていたという感情の高ぶりもあって、『Freedom』という歌のおかげでアメリカではじめてポロポロと泣くことができた。それまではどこかで遠慮があったり、迷っていたりした心と体が一気に解放され、アイデンティティを探す旅のブレークスルーとなった。

頼れる人がいない環境で、やるしかない状況に迫られた時、ようやく自分のことがわかるようになる場合もある。

はじめからカッコよく見せようとしなくていいし、思いどおりの結果を得ようなんて思わなくてもいい。「とりあえず、まあやってみよう」とグッとハードルを下げたところから、たったひとりで動きはじめることが大事なんだ。それがジタバタしたスタートだったとしても、何もしないよりずっと価値があることだと僕は思う。

「段取ってる人間」だけが波に乗れる

歌を歌うことが、僕という人間のど真ん中にある譲れないものだと気づいてからは、アメリカでの生活が急にカラフルに色づき、俄然、楽しいものになった。「アメリカで音楽に挑戦する」という自分の役割のようなものがハッキリしたからだ。

生活するお金がスッカラカンになって、とうとう最後は実家の母親から帰国ためのエアチケット代を送金してもらうということになるまで、僕はサンディエゴでの暮らしを満喫した。

地元のクラブや音楽フェスに顔を出すうちに自然と現地での友達もでき、彼らが招いてくれるパーティにも誘ってもらえるようになった。

音楽は、まだ英語がおぼつかない僕にとって、頼りになるコミュニケーションツール。レゲエのリズムも海外では共通なので、僕は自分でつくったオリジナルの曲を披露したり、万国共通で盛り上がる『ＳＵＫＩＹＡＫＩ』を歌ったりして、みんなから喝采を浴びた。

１９６３年に全米１位のヒットを記録した、坂本九さんの『上を向いて歩こう』は、とくにアメリカでは『ＳＵＫＩＹＡＫＩ』として多くの人に愛されている。サンディエゴに滞在中、「ＲＹＵ、歌ってよ」と仲間から何度もリクエストされた一曲だ。

これまで「日本人」という一種類のタグがついているだけだった僕に、新たに「音楽好き」というラインアップが加わったおかげで、まわりの仲間にも自分が何者かが認知されていくようになっていった。

僕は地元のクラブでも時々歌わせてもらえるようになっただけでなく、仲間が「The Revelation Crew」というインディーズバンドでレコードとＣＤを出すことになった時、「ＲＹＵもやるか？」と声をかけてもらい、「One Star」という一曲だけ日本語で参加させてもらったこともある。

「僕という人間はこういうヤツで、こういうことをします」と自分から発信することと、チャンスの波が来たときに「もちろん！」と乗れることって、想像以上に大きな結果をもたらすことなんだと思う。チャンスが来た時、その波に乗れるようといつでも準備をしておくことは、今のあなたにとっても大事なことではないだろうか。

僕みたいに、すぐに音楽で勝負をかけたいと考えている人だけじゃない。将来的に会社でやりたい仕事がある人や、プライベートで叶えたい夢がある人だって、それを実現するための準備は今すぐしておいたほうがいい。

たとえば、僕は「ＲＹＵ、歌ってみる？」と声をかけてもらう機会が少しずつ増えていった時に、「それなら」と準備をしていたことがある。自分が自信を持って歌える歌や、その場が盛り上がりそうな歌のレコードをいつも持っているようにしたんだ。

当時のレコード盤は、裏返すとインストゥルメンタルが流れるようにつくられているものがあった。つまり、レコードを裏返せばカラオケができるということ。これなら、どこでだってレコードをかけさえすれば僕の独壇場で歌えるし、「ＲＹＵは本気なんだな」と伝わると思わない？

もしもここで「今ちょっと準備してなくて歌えないんですよ」なんて拒む素振りを見せようものなら、二度とチャンスがめぐってこないと思っていいだろう。おじけづいた自分も相当ダッセェし、チャンスを授けようとしてくれた相手に対してだって失礼だ。

「位置について、よーいドン！」というかけ声があるけれど、位置についたタイミングで準備をしていなければ「done」できるはずがない。「done」は、英語で「完了」や「達成」を意味する言葉。**チャンスを確実にモノにしようと思うなら、いつ位置についても「done」できる準備をしておくのはマスト**だろう。

あなたが叶えたいことは何？

それを実現するための準備はもうできてる？

悲観は気分、楽観は意志。
幸福は、自己克服による。

負けを認めて勝ちに行け

「負けを認めて勝ちに行く」は、僕の好きな言葉のひとつ。無傷で完璧な自分でいようと努力するより、転んでできた傷ごと「自分らしさ」として受け止め、生きていこうと決めている僕にピッタリの言葉だと思っている。

さっさと「負け」を認めてしまうのは大事なこと。負けを認めることで、勝ちにつながる次に打つべき一手が見えてくるからだ。

「負け」を自分のウィークポイントと置き換えることもできる。ウィークポイントは「いい」「悪い」ではなく、「多い」「少ない」でもなく、ただの特徴として「自分にはこういうところがある」と把握しておくこと。

そのうえで、今度は自分の得意なことやいいところにフォーカスし、ウィークポイントと1セットで考えてみるようにする。すると、勝てる道が拓けてくるはずだ。

中学生の頃、サッカーに夢中だった時期がある。僕のチームには、小学校の時からのサッカー経験者もいて、そこそこ強いチームだった。抜群に足が速い子や高校生顔負けのキック力がある子がいるなかで、僕は自分の存在意義とどうしたらチームが勝てるかを考えた結果、ひとつの結論にたどりついて提案した。

「青木くんの足の速さやハルくんのキック力はかなわない。どう考えても負けている。でも、戦略を練ることならまかせてほしい」と。そして参謀役をかってでて試合に出場したところ、僕らのチームは見事に勝つことができたんだ。

あの時、僕が足を速くするためやキック力をつけるためにトレーニングを積んでいたとしても、チームが勝てたとは思わない。「足の速さやキック力では負けている」とさっさと負けを認め、「でも、戦略を練るのは好きだ」と得意なことにフォーカスできたから、勝利を手にすることができたのだろう。

MEGARYUとしてステージに立って歌うようになってからも、「負けを認めて勝ちに行く」という考え方には何度も救われた。

たとえば、ご存じのとおり、大きな音楽イベントにはたくさんのアーティストが参加する。ある時、そういう状況で僕らはシンガーソングライターの絢香さんと一緒にキャスティングされたことがあった。絢香さんて、めちゃくちゃ歌がうまいでしょう？　彼女が歌い終わったすぐ後で、僕らが同じように歌唱力で張り合おうとしても、聞いているお客さんたちが喜んでくれるかどうか自信がなかった。

だから僕らは、観客にいるみんなに呼びかけて応えてもらうコール&レスポンスのスタイルで歌う楽曲で構成し、「聞かせるライブ」というより「一緒に参加して楽しんでもらうライブ」を目指したんだ。

「歌い上げることではかなわない。でも、楽しませることなら僕らにまかせてもらおうぜ！」と臨み、ダンスホールにいるような熱く盛り上がる雰囲気に包まれる時間を過ごしたんだ。

「負けを認めて勝ちに行く」って、そういうことだと思っている。

なかなか負けを認めず、しつこくそこにこだわってしがみついているよりも、「かなわないな」と認め、すっと手放してみる。そして、別の角度から自分が優位に立てそうな戦い方を考えてみる。

大事なことは、「最終的に勝てればＯＫ」ということなのだから、勝ち方にはこだわる必要はない。途中、何度負けたって、最後に勝てばそれでいいと思わないか？

「挫折」を「失敗」に変えろ

「もう二度と立ち上がることなんてできないんじゃないか」

そう感じるほど苦しくて辛い、挫折の経験をしたことがあるだろうか。

挫折という言葉は、それ自体に重みがあるので口にする時には注意が必要だと思っている。なぜなら、一見挫折のように見えて、挫折にまでいたらない「単なる失敗」のことも多いからだ。単なる失敗ととらえることができれば、次に挑戦するハードルはかなり低くなる。

一方、これからうまくいくはずのことであっても、挫折という言葉を使うことで「自分にはもう無理だ」とあきらめ、目標から目を背けてしまう危険性がある。

「挫折」と「単なる失敗」の見分け方は簡単だ。その見極め方は、ふたつある。

ひとつは、「ま、いっか」と思えるかどうかだ。

そもそも挫折を感じるのは、本気でそのことにぶつかった証拠。保険をかけることなんて考えずに全力で臨んだ結果、思いどおりにならない結果になったことで大きな喪失感を味わうことになる。

悔しさで眠れなかったり、悲しみの淵から這い上がれなかったりもする。本気で挑んでいたからこそ、達成できなかったことを悔やんでも悔やみきれないし、「仕方がない」「十分頑張った」「後悔はない」とは思えないはず。ましてや、気軽な気持ちで「ま、いっか」とは思えるはずがないだろう。

すぐに「ま、いっか」と思えるなら、それは挫折ではなく単なる失敗だ。

もうひとつの見分け方は、失敗の原因が自分でわかっているかどうかだ。

たとえば、就職の面接で失敗し、希望の企業に落ちた場合で考えてみよう。面接での失敗を本人は「せっかく自己アピールするチャンスがあったのに、練習不足のせいでうまく答えられなかった」と分析できているとするなら、それは挫折ではなく失敗だ。

なぜなら、努力の余地があることを自覚しているからだ。「もっと練習できたのに」「事前に聞かれることをシミュレーションしておくこともできたはず」というように、自分でわかっているのにやろうとしないのは、挫折ではない。失敗を理由に、そこで頑張ることをやめてしまっただけだ。

では、なぜどちらのパターンも本当の挫折ではないのに、「挫折したから」とそこで次の一手を打つことをやめてしまう人は多いのだろうか。

おそらくその理由は、「挫折」という言葉を言い訳にしてカッコつけているからだろう。だって、「挫折したことがあって」と聞くと、なんとなくちょっとカッコよく聞こえてしまうかもしれない。そのくらい、「挫折」という言葉のパワーは強い。

でも、**僕は挫折を言い訳に何も動こうとしていないのは、ダッセエことだと思う。**「今さらこの年でまた挑戦するなんてカッコ悪いから、挫折したことにしておこう」「デキないヤツだと思われたくないから、挫折したことにしよう」などと、挫折を言い訳にカッコつけていても、前に進んでいないことに気づこう。

挫折を言い訳に何も動かないより、本当はやってみたいけれどチャレンジできていないことや、本当は好きなのにまた失敗するのが恥ずかしいから挑戦しないでいることは、挫折のせいにしないでやってみたほうが価値はあるし、ずっとカッコいい。

「挫折」という言葉は、やりたいことをあきらめるために使うのではなく、自分の次の一手を打つための原動力として活用しよう。

コンプレックスに
蓋をしているかぎり、
「やりたいこと」は
いつまでもできない。

自分を動かすエネルギーを思い出せ

何も動かないせいで失敗しないより、少しでも動いて何かを学ぶほうがずっとカッコいい生き方だ。おそらく、今この本を手に取って、ここまで読み進めてくれているあなたにも、僕のその考え方に共感してもらえているのではないだろうか。ただ、そのなかにもまだ自分のやりたいことのために、具体的な行動を起こせていない人もいると思う。

もしも、動きたいと思っていても、なかなか重い腰を上げられないという場合、「自分を前に進めるための原動力になることは何か？」と考えるのもおすすめだ。

「見返してやろう」「超えてみせる」と奮い立たせてくれた僕の最初の原動力、それは父親の存在だった。

僕は1976年6月23日、岐阜県本巣郡糸貫町というところで生まれた。建築会社の営業マンだった父親と、生命保険会社に勤務する母親のもと、3歳年上の兄貴と4人家族で育った。

おおらかな母親に対し、父親は厳格で「食事中に肘をつくな」「箸のもち方がよくない」といった細かい部分まで子どものしつけにも熱心だった。子どもの頃は、そういう真面目な父親を「仕事もできてまわりからも慕われているお父さん」と誇らしく思っていた。

ところがある時、酒に酔って帰ってきた父親が、母親のことをバカにした発言をしたり怒鳴ったりして手がつけられなくなっている姿を目撃してしまったことがある。今、思えば外でのストレスを母親にぶつけることで甘えていたのかもしれない、と同情できる部分もあるけれど、子どもの僕にとっては衝撃的な出来事で「優しい母親をいじめる怖い父親」に見えてしまったのだ。

その日を境に大人になるまで僕はずっと父親のことが嫌いで、「絶対に父親を超える人間になってみせる」と心のどこかで決めていた。

実際、僕は父親と同じ大学に入り、父親よりいい成績で卒業した。小さいことかもしれないけれど、自分のなかでは「父親を超えた」と思えた。

アメリカに留学した時、父親には「音楽なんてやるな」「どうせクズになるだけだ」などと猛反対された。もちろん、母親が応援してくれたおかげもあったが、「絶対、音楽で成功してみせる」と父親の言葉に闘志を燃やし、そして帰国した後、オリコン1位をとった。

だから今になってこうして振り返ってみて思うのは、僕自身は「父親を見返してみせる」という思いがあり、それを無意識に原動力に変えていたのかもしれない、と。「母親を幸せにしたい」という根本的な思いがあるほかに、「父親に認めてもらいたい」という強い気持ちも僕にはあったのだ。

僕が無意識に父親への反発心を自分が動くための原動力にしていたことに気づいたのは、皮肉なことに僕の声が出なくなった後のことだ。病気になってアーティストとしての契約が切れた息子を心配した父親が、10万円を持って僕の前に現れたのだ。「30歳を過ぎている息子のことを、まだ心配してくれているのか」と思ったら、ものすごくあたたかい気持ちになった。

親は、自分の子どもを「認める、認めない」ではなく、シンプルに「幸せになってほしい」と願っているだけ。自分勝手に解釈して反抗心を燃やしていたのは僕のひとり相撲だったのかもしれない。でも、その反抗心のおかげで僕は実力以上のものを手にすることができたのかもしれない、と気づいたのだ。

ちなみに今は、僕と父親はいい関係を構築していると思っている。「今度、はじめての顧問契約をするんだけれど、顧問ってなんの仕事をするんや?」などと、調べればわかりそうなことでも質問して、父親を喜ばせてあげるような親孝行ができるくらい、僕の心にも余裕ができた。

悔しい思いや腹立たしい思いをすることは誰にだってあると思う。その時に感じた憤りや苦しさは、無理になくそうとしなくてもいい。もちろん、自分を責める必要もない。

ただ、ネガティブな方向に向かうベクトルの向きを変えてあげるだけで、「見返してやろう」「超えてみせる」と自分を奮い立たせてくれる原動力になる可能性は大きい、と僕は思っている。

コンプレックスは抱えたまま付き合え

あなたのコンプレックスは、どんなことだろうか。

僕は30歳までずっと大きなコンプレックスを抱えていた。「デビューしてまもなく30歳でトップをとった」という事実だけ見ると、コンプレックスとは無縁に聞こえるかもしれないけれど、裏を返せば30歳までずっとコンプレックスがつきまとっていたということだ。

正社員として就職する仲間が多いなか、自分が何者なのかがわからず、どこに向かうべきなのかも見えないまま、まわりのヤツらから大きく出遅れていることにただひたすら焦る気持ちが僕にはあった。

同級生たちは、社会に出て10年近くたち、それぞれ責任のある仕事を任されるようになり、子どもがいるパターンも珍しくない。学校を卒業したらスーツを着て企業に就職するのが当たり前だった時代の話だ。

音楽をやりたくてはじめたけれど、まだそれで食べていかれるわけでもなかった僕は、「まだ何もできていない自分」への焦りと恥ずかしさがコンプレックスになった。同窓会のお知らせが届いても参加しようという気持ちに全然なれなかったのもそのせいだ。

じつは、僕はメジャーデビューしてからもしばらく、学習塾の講師のアルバイトを続けていた。音楽でてっぺんをとる夢を叶えたい思いは強くあったものの、現実として生活をしていくためにお金は必要だったからだ。

僕は、大学の教育学部を卒業し、教員免許を取得していたこともあり、学習塾で働くことを選んだ。「好きな音楽をやりながら、教育に携わる仕事で週3回働いて生活をしているんだから文句もないだろう」という、僕なりの学費を出してもらった親への言い訳でもある。

とはいえ、せっかく稼いだバイト代もマイクや機材、ステージで着る衣装を買うためにあっという間に毎月なくなった。学生時代の仲間から「貯金をはじめた」「ローンを組んだ」という話が聞こえてくるたびに、僕のなかのコンプレックスは膨らんでいった。


反発心を、自分を奮い立たせる原動力に変える話は前にしたけれど、コンプレックスも自分を動かす燃料に変えることができればそれがベストだろう。

やってはいけないのは、コンプレックスを隠そうとしたり、コンプレックスの存在を否定して見栄を張ったりすることだ。どんなに押さえつけても自分のなかのコンプレックスはなくならないし、苦しくなる一方だと思う。

もしも、コンプレックスを燃料に変えることもできず、かといって隠すことも「ダッセェな」と思うなら、まずは「まいっか。自分なりのやり方でいってみよう」と自分に呪文をとなえてみてはどうだろう。コンプレックスの対処法について、エネルギーに変えるのではなく、「ないもの」として存在を否定するのでもなく、「抱えたまま付き合う」という第三の方法だ。

コンプレックスは無理してなくそうと苦しまなくてもいいし、持っていることで頑張れることもある。ありのままの自分でいるほうが、結果的にやりたいことの近くにいることができるというメリットもある。


見栄のために頑張るのではなく、自分なりのやり方でやりたいことに挑戦している人には応援してくれる人が必ず現れる。

バイト先の学習塾では、MEGARYUを結成してからもしばらく音楽をやっていることを伏せていた。21時に塾の生徒が教室からいなくなると、それまでの仕事モードはオフ。スーツから衣装に着替え、そのままクラブに歌いに行くこともしょっちゅうだった。

ところが、やっぱりどこかから噂は広まるもので、「これ、先生じゃないですか?」と、購入してくれたMEGARYUのCDを見せてくれる生徒やその保護者がボチボチ現れはじめた。音楽活動が忙しくなってきた頃、いよいよ音楽一本で食べて行くことを決めた僕は「いちばんになってくるよ」と子どもたちに事情を話し、塾を辞めた。

翌年、はじめての全国ツアーがあって岐阜公演の日。本番でステージから客席をなにげなく見て驚いたのは、前列のいい席にズラーッと僕の教え子とそのお母さんたちがいて、みんな僕が歌う姿を見て泣いていたんだ。塾を辞めても僕を応援してくれているみんなの気持ちが伝わってきて、僕は焦った。ステージに立っているのに、歌を歌わなければいけないのに、グッと込み上げてくるものを感じたからだ。

こういう幸せな経験を積み重ねていくうちに、僕のコンプレックスはなくなっていた。というか、自分を生きていくのに一生懸命すぎて、コンプレックスのことなんて気にならなくなっていた、という言い方のほうが正解だ。

だからこそ僕が思うのは、コンプレックスは抱えたまま付き合っていっても大丈夫だってこと。本当に恥ずかしいのは、コンプレックスを持っていることではなく、コンプレックスがあっても自分のことを応援してくれる人を幸せにできないことだと気づこう。

第6章

こんな時こそ、動け

The flower that blooms in adversity is
the rarest and most beautiful of all.

逆境で咲く花は、どの花よりも貴重で美しい。

—— Walt Disney

「知識」人になるな。
ガンガン動いて、
ドンドン経験して、
「知恵」者になれ。

自分のアタマで考えよ

2021年から200年間に渡り、世界は「風の時代」がスタートしたといわれている。これまでの200年間は「土の時代」で、産業革命を皮切りに多くのモノやコトが生まれ、「持つ」が人々のテーマだった。

持つことに執着しなくなる「風の時代」は、情報や知識などを「知る」ことがテーマになるといわれている。「土の時代」に求められたひとつのことやひとつのやり方、ひとつの肩書きなども、「風の時代」にはすべて垣根がなくなり、情報や知識によって自由に未来をデザインしていくことが可能になるのだとか。

実際、毎朝同じ時間に通勤して会社で仕事をする、というスタンダードとされてきた働き方が、リモートワークの出現によって変わりはじめたのも「風の時代」にふさわしい変化ではないだろうか。働き方だけじゃない。人との関わり方や自分のやっていることの発信の仕方など、アプローチの方法も確実に増えている。

そんな「風の時代」に必要なのは「知」、すなわち自分の頭を使って「何をしたいか？」「どんなやり方を選ぶか？」を考えることだろう。誰かにとっての「解」ではなく、「自分にとって最高に価値あること」がすべて。そこに絶対的な正解はない。

さあ、あなたは「風の時代」に何をしたい？

そのためにどういうやり方を選ぶ？

「こういうことをしてみたい」「こういう方面のことをやってみたい」といった漠然とした思いを形にするにも、まずは本当に何がしたいのかを自分の頭で考えることは欠かせない。

僕にも経験がある。

「で、キミは、本当はいちばん何がやりたいの？」と、まだ学生の僕にたずねてくれたのは、当時じゃ衆議院議員で現職は愛知県知事の大村秀章さんだ。

父親の関係の縁で、国会議事堂で大村さんと会う機会があり、将来の話になった時のことだ。就職について質問された僕は、なんとなく頭にあった有名なTV局やレコード会社の名前を挙げながら、「そういう方面に進むのもいいなと考えています」と答えた。

すると、僕の返答にあまり気持ちが乗っていないことを見透かすように、大村さんは「で、キミは、本当はいちばん何がやりたいの？」と聞いてきたんだ。

そこで僕は少し考えて、「音楽です」と今度はキッパリ答えた。あらためて、僕にはそれしかないと思ったからだ。すると大村さんは、こう言った。

「だったら、まずそれをやってから人生を考えなさい」と。


音楽に挑戦するためにアメリカ行きを最終的に決めたのは自分自身だったけれど、大村さんに質問されたことで自分が本当にやりたいことと向き合おうというスイッチが入ったのはたしか。それによって、僕の人生は変わった。

ただ今でも気になっているのは、あの時、なぜ大村さんは「まずそれをやってから人生を考えなさい」と言ったのかということだ。

熱量の感じられない言葉に真実はないと踏んだのか、何にも挑戦せずに就職しても続かないだろうと先を見越したのか。いずれにしても、僕には自分の本音と向き合ういい機会だった。

過去に自分の本音に向き合った経験がある人でも、「風の時代」に突入した今、「自分が本当にやりたいことは？」とあらためてもう一度、考えるきっかけをつくってもいいかもしれないと思う。

本気でやりたいと思ったことが、今、自分がやっていることと同じなら、自分自身で答え合わせができたことで自信になる。仮に違っていたとしても「じゃあ、どうしたらそれができる？」と実現の仕方を考える自由と選択肢はある。

どちらに転んでも、しっかり自分の頭で考えることは、自分を幸せにできるってことだ。

「Dカップ」で行け

「やりたいことはあるものの、いまひとつやる気が出ない」「動きはじめるタイミングがわからない」といった理由でやりたいことを後回しにしているなら、僕は声を大にして言いたい、「Dカップで行け」と。

もちろん、「Dカップ」は女性の胸のサイズではない。「Dカップ」のDは、ビジネス用語としてよく登場する「PDCAサイクル」のDのことだ。

「PDCAサイクル」とは、仕事の効率化をはかる手段のひとつ。一般的に、「P（Plan：計画）→D（Do：実行）→C（Check：評価）→A（Action：改善）」の順番でまわしていくことで業務が継続的に改善していく、といわれている。目標を設定し計画を立て（P）、実際に行動を起こし（D）、計画に沿って実行できていたかを評価し（C）、その結果を検討し、改善する（A）、ということをグルグルと繰り返すことで、仕事の精度を高めていく、というものだ。

ところが、僕の場合は違う。**「D→C→A→P」でまわしたほうが、つまり「Dカップ」でいったほうが、仕事はずっと効率よくうまくいく**と考えている。

大事なのは、最初に「Doすること」。まず、動くということだ。そして、その結果を見て「どうだろう？」と評価し、「じゃあ、こうしたらどうか？」と改善し、新たな計画を立てていくほうが速いし、性に合っている。

今はユーチューブをはじめとするいろいろな情報を、ソーシャルメディアを通じて知ることができる。誰かがやってみたことを見ただけで、実際に自分はやっていないのにもかかわらず、わかったような気にもなる。

でも、現実の世の中には自分の頭で考え、自分の手足を動かして体験してみないと本当に理解したとはいえないことも多い。「知識」は経験することで、はじめて「知恵」になるからだ。

「その結果、どうなるか?」まで知ることができるようになったからこそ、実際に自分で体験することの価値は上がっている。だから、まずはDoすること。「Dカップ」からはじめてみよう。

「大きいこと」より「できること」

何かを行動する時、僕がいつも心がけているのは、大きいことをしようと意気込むのではなく、目的達成のために自分ができることでベストを尽くそう、ということだ。

壮大な目標に向かって挑戦するのは素晴らしいことだけれど、僕はまず目の前にいる人を確実に幸せにしたい。だからこそ、たとえ道の向こうの遠い先に大きな目標を定めたとしても、近いところにマイルストーンを打ちこんで、経過点ごとに小さい目標をクリアしていくことを積み上げていくようにしている。

自分ができることを確実にやる、ということのカッコよさは僕のオフィスに隣接しているスポーツジムを訪れるご夫婦に教わった。

定期的にトレーニングをしにジムに訪れるそのご夫婦は、コロナ禍になっていろいろな業態が縮小傾向になるなか、真っ先に二人で半年分の回数券を購入したという。僕はそれをジムの人から聞いて驚いた。

だって、そうでしょう？　これからも今までどおりにジムに通える世の中でいられるかわからないし、ジムの経営形態だって変わるかもしれない。そんな不安定な時期に、多くの人がまず考えるのは「自分が損をしないこと」ではないだろうか。

一度、ジムを退会して会費を支払わなくていいような手続きをとったり、余分に支払ったお金の払い戻しの方法を考えたりしても不思議ではないだろう。それなのに、「これから大変になるだろうから」と言って、まだ見通しのきかない半年先の分まで先にお金を払うなんて、なかなかできないことだと思わない？

このご夫婦がしたことは、「経済的に余裕があるから」ということだけが理由ではないと僕は想像している。「自分たちにできることってなんだろう？」と彼らなりに考えた結果、「また戻ってくるからね」というメッセージをこめて、ジムを応援するという行動をとったのだろう、と。高額の寄付をするといった大きなことではなくても、今の自分たちにできる範囲のことでベストな行動をする、という選択をしたことが、僕にとってものすごくカッコいいと思えるエピソードだった。

では、実際に「自分ができることをしよう」と思った時に、まず何が必要だろうか？

僕はそれを「できることとできないことに選別すること」だと思っている。

やりたいことという目標があって、それを達成するために自分ができることとできないことを考えてみる。あとは、できることをするだけだ。

先ほどのスポーツジムのご夫婦のケースに当てはめれば、「ジムを応援する」という目標があって「回数券を買う」はできること、「高額の寄付をする」はできないこと。だから回数券を買った、ということになる。この方法ならシンプルだし、今すぐできる。

大きすぎる目標を立ててなかなか行動に移せないより、自分ができることを今すぐサッとするほうが、ずっと価値があることだと思わない？

自分らしく生きられる理想社会をつくるために「知創伝」の循環を回せ。

価値観の違いを埋めるのは「言葉」だ

言葉で気持ちを伝えることをサボッて、相手からこっぴどく怒られたはじめての経験はジャマイカに滞在していた時だった。

滞在先の近所に住んでいたジャマイカ人のオバちゃんが、僕に向かって何やら話しかけてきたことがあって、僕は言葉がわからないこともあってスルーしたんだ。すると、そのオバちゃんは烈火のごとく怒りだして、僕にワーワーとキレはじめた。慌てた僕は通訳の人を引っ張ってきて、彼女が怒っている理由を聞き出してもらった。

オバちゃんの話を要約すると、「せっかく挨拶したのに、無視された。失礼じゃないか！」ということだった。

よくあることかもしれないし、たいしたことじゃないと思える話かもしれない。でも、〝たかがそのくらい〟の言葉を伝えることをサボッたおかげで相手の逆鱗に触れることもある、ということを学んだ。それほど言葉にして伝えるというコミュニケーションは大事なことであり、なめてかかってはいけない。

僕たちがやりがちなのは、「言わなくてもわかってくれるだろう」「わざわざ言葉にしなくても、察してもらえるのではないか」という思い込みだ。でも、それは自分の価値観のおしつけであって、やっぱり思っていることはきちんと言葉にしたほうがいい。

よく、「相手の立場に立って〜」というアドバイスがあるけれど、あれだって結局は相手の立場に立ったうえで自分の価値観で判断していることになる。言葉にすることは、そうしたお互いの価値観の違いを埋める大切なコミュニケーションだ。だから、言葉は壊れ物を扱うようにデリケートに使いたいと思っている。

言葉にこだわりをもつ僕がつくった言葉に「知創伝《ちそうでん》」というものがある。これは、理想のチームづくりに必要な世代間コミュニケーションのあり方を示す言葉だ。

「知」は、学生や20代など情報を知り、知識を吸収することで成長し、「創」は、30〜

40代で知識を知恵に変えてクリエイティブなことをして成長する。50代からの「伝」の世代の人たちは、今まで学んだことや築いてきた人脈をどんどん若い世代に伝えていくことで成長する。各世代がそういう役割を意識していれば、どんな職場やプロジェクトでも、理想のチームづくりができるのではないかと思っている。

世代によってコミュニケーションも変わるだろう。

たとえば、「伝」の世代の人が大上段に構えた態度で「友情は大事だ」と語っても、ほかの世代に人にはピンとこないかもしれない。ところが、「創」の世代の人が『ワンピース』のマンガにたとえて「仲間がいると自分にはないものを補い合えるよね」と説明すると、「知」の世代の人にも友情の大切さが響くこともある。そこに必要なのは、言葉しかない。

もちろん、世代の違いだけでなく、それまでの体験の量の多寡や、置かれた環境によっても変わるのが価値観だとすれば、そのギャップを埋めるためには言葉は必要不可欠だ。

じつは、この「知創伝」という僕が考えた言葉は、現在の岐阜の憲章にもなっている。「こうすればいいチームづくりや、いい社会ができると思う」と話したところ、岐阜県の吉田肇知事が共感し「採用したい」と言ってくれたといういきさつがある。

「岐阜の自然や伝統を知り、それを活かした新たな文化を創り、新たな世代に伝える」といったニュアンスになっているものの、根底に流れる「知り、創り、伝える」という考え方は変わらない。


ちなみに、思っていることは言葉にして伝えるべきだけれど、相手を攻撃する言葉は別。人生のなかでごく一瞬、それも自分の大切な人を守りたい時だけに使うべきであって、そのほかの場面で攻撃する言葉をわざわざ使う意味はあまりないよね。

僕は、自分が使う言葉は、誰かを幸せにするために使いたいといつも思っている。

たとえば、最近はよく不用意な発言が原因で炎上したというニュースを聞く。そんな時も、NG発言をした人に対して「コイツ、最悪や」という攻撃の言葉をSNSに書き込むより、その発言に傷ついた人や発言をした人の家族のことを心配するような言葉で労わりたい。そのほうが人としてもカッコいいと思わない？

「新しい価値」は「新しい組み合わせ」から

今の自分の働き方や生き方を変えてみようと思ったら、今までと違う行動をするのもアリだ。

僕が2020年11月に開局した岐阜スタジオのオーナーを務めるインターネットラジオ「ゆめのたね放送局」にも、いろいろな人がパーソナリティとして集っている。

2015年に大阪で開局した「ゆめのたね放送局」は全国8拠点、合計600名以上のパーソナリティメンバーで活動している放送局だ。

パーソナリティには、会社員はもとより、小学生や経営者、学生や主婦のほかにも、「元・引きこもり」や「元・不良」までさまざまな人生経験を乗り越えた人がいて、地域社会と自身の夢実現のために頑張っている。

パーソナリティになると、「いろいろな人との出会いが増え、新しい世界を見つけることができた」「自分をブランディング化し、認知度を上げることができた」「ラジオを通じて人や地域の応援ができ、社会貢献につながった」といった手応えもあるようだ。これから未来を切り開こうとしている人が挑戦するための、楽しいメディアだと思っている。

家庭や職場、自分のＳＮＳ以外にも世界を広げてみたいと思ったら、新しい一歩の踏み出し方として「ゆめのたね放送局」のラジオパーソナリティに挑戦するのも選択肢のひとつではないだろうか。

僕が感じているのは、「ゆめのたね」のようなインターネットラジオをはじめ、さまざまなソーシャルメディアを活用する意味は、その先にある自分の人生をカラフルに発展させていくためのものだということだ。

「ラジオのパーソナリティになる」「人気ブロガーになる」をゴールに設定するよりは、通過点にするというイメージだろうか。その先に待っている仕事やプライベートに発展させていくための通過点だ。そういう思いで自分の可能性を広げるのは意味があることだと思っている。ラジオのパーソナリティや人気ブロガーが植物の幹だとしたら、そこにどんな葉を広げ、どんな花を咲かせ、どんな実がなるのかを想像する楽しさもある。

今の自分の働き方や生き方を変えてみようと思った時、今あるものを組み合わせて考える視点も役に立つのではないだろうか。

たとえば僕は今、Jリーグへの参入を目指して日々奮闘している地元岐阜のサッカーチーム「FCボンボネーラ」の顧問をしている。顧問の依頼があった時、僕が考えたのは「プロのサッカー選手経験のない僕に何ができるのか？」ということ。チームを強くするためのスキルやノウハウを持っているわけじゃない僕にできることって、なんだろう？

ヒントは、いつだって自分のなかにある。つまり、僕にできることは、たとえサッカーチームの顧問の仕事であっても、音楽やエンタメ、デザインや広報といったことでしかないと思ったのだ。ゼロからスタートして新しいことを生むのは画期的なことだけれど、今あるものを組み合わせて新しい視点で勝負していくことも同じくらい価値があることだと思う。

たとえば、僕のツテでプロのミュージシャンが使っているような音響を入れてスポーツイベントを開催すれば、音の魅力と集客力によってイベントを盛り上げることはできる。そうすれば、ボンボネーラのことも当然話題になる。僕がデザインしたボンボネーラのグッズを紹介することで、それまでサッカーに興味がなかった人にボンボネーラを注目してもらえる機会は増えるはず。

僕が講演で「日本にはたくさんのクラブチームがあって、世界でも戦えるレベルになっているのに、代表選手に岐阜のチームの選手がいないことについてどう思う？　地元チームのボンボネーラからスターを誕生させようよ」とエールを送ったら、賛同して一緒に応援してくれる人が増えるかもしれない。

そんなふうに考えていけば、今あるものの組み合わせで新しいことや応援できることはまだあることになる。あなたが持っているものや、あなたにしかできないことも、まだまだたくさんあるはずだ。

「知識は、そこに経験がプラスされないと知恵にはならない」と前述したけれど、センスにも同じことがいえると思う。知識だけじゃなく、たくさんの経験があって磨かれていくのがセンスだろう。

だからこそ、**今の自分が持っている知識に経験を重ねて知恵を増やし、センスを磨いていこう。**それがこれからの自分の新しい可能性を広げる一助になることは間違いない。

人生は、勝ち負けより、
ダセェかダサくねぇか。
自分らしさ全開の
ストーリーを描け。

僕は「道徳とお金」が回る社会をつくりたい

「朝は4本足、昼は2本足、夜は3本足。さて、この生き物は何か？」という謎かけを聞いたことがあるだろうか。

これは、ギリシャ神話の『オイディプス王の悲劇』に登場する「スフィンクスの謎かけ」と呼ばれているもので、答えは「人間」だ。生まれたばかりの人間は四つん這い、成長して2本足になり、やがて年齢を重ねて杖をつくと3本足になるというもの。謎かけで表現されている「朝」「昼」「晩」は、人間の一生を一日にたとえていることになる。

あなたは「人生時計」という言葉を聞いたことがあるだろうか。自分の人生を一日という単位で考えた時、今、何時何分くらいのところにいるのかをイメージするのが人生時計だ。

よく言われているのが「今の年齢を3で割る」というもの。たとえば今年45歳の僕なら「45÷3＝15」だから、今は人生時計でいうと15時にあたる。15時なら、夜になるまでまだひと仕事もふた仕事もできる計算になる。「もういい年だから」とか「こんな年で恥ずかしい」などと言って、自分らしく生きることを遠慮している場合ではないこともわかる。

あなたは今、人生時計の何時を生きているのだろうか。そして、残された時間でやりたいことはどんなことだろうか。

今の僕が描いている未来には、「こういう人になりたい」という自分自身のイメージと、「こういうことをやってみたい」という仕事へのイメージという2種類がある。

自分自身については、若い世代の人たちに頼ってもらえるような存在になることが目標だ。企業のさまざまな問題を明らかにしてアドバイスを送ったり解決に導いたりするのがコンサルタントという職業だとしたら、僕はコンサルタントよりもっと身近にいてオーダーメイドなサービスができる人を目指したい。街にいる、頼りになる〝おっちゃん〟のような存在というか。

やりたいことを相談された時に、「だったら、あの人に会ってきたらいいよ」とふさわしい人を紹介したり、「こういう手もあるんじゃない？」と提案したりする、若い世代のブレーンになれたらこれまで僕のやってきたことの意味があると思っている。

これからも積極的にやっていきたいと考えているのは、地元岐阜からはじめる面白いことだ。MEGARYUとしてのステージを降りた後から今まで、音楽系のイベントやフードフェスなどにいろいろ挑戦し、成功させてきて感じるのは、まだまだ可能性があるということ。

コロナ禍といわれる時期にだって、行政とタッグを組んで「action 清流 REX MUSIC FESTA 2020」という、メジャーアーティストを呼ぶ音楽フェスを開催し、安全にお客さんに楽しんでもらうことができた。次回は、地元の子どもたちとの共演を叶え、子どもたちにメジャーの迫力を味わってほしいと構想を練っているところだ。

保守的といわれる岐阜県で新しいことに挑戦するのを「ハードルが高くて非常に難しいし厳しい」ととらえるか、「やりがいがあって成功すると達成感がハンパない」ととらえるかは、全部自分次第。僕はもちろん後者。昔から地元にいて力のある人たちとの距離の縮め方や、行政への協力のあおぎ方もわかってきた。

岐阜でいろいろな企画が盛り上がり、成功を重ねていけば、「岐阜モデル」として全国に発信していくこともできると思っている。地方創生の成功例が岐阜からスタートできるなんてめちゃくちゃカッコいいよね。

「日本の実業界の父」と呼ばれる渋沢栄一の有名な著書に『論語と算盤《そろばん》』という一冊がある。論語とは、中国の思想家である孔子が「人はどう生きるべきか」を説いた言行録。算盤は、経済のこと。つまり、「道徳」と「お金」の両輪で回していくことがいい社会の基本という教えだ。

僕は、岐阜をはじめとする地方創生のゴールは、『論語と算盤』をイメージしている。僕が誰かのために何かをする、すると僕自身も生きている意味を見出せる。そして、そこには僕を含めたみんなが潤うようなお金が生まれる。モラルとお金の両方がきちんと成立しているのがいい社会だと思うからだ。僕はそれを、ここ岐阜で挑戦してみたい。

ちなみに、先日、僕に「岐阜でこういうことをやりたいんです」と音楽系のイベントの企画書を見せに来た若い世代の男性がいた。雅楽という伝統芸能の道に進んだ彼を応援する意味もあって、「僕だったらこうするよ」という提案をいろいろさせてもらった。僕のなかで『論語と算盤』はすでにスタートしていることなんだ。

じつは、彼は僕の元生徒。学習塾の講師として教えていた頃に生徒だった子が、いつのまにか大人になって僕の前に現れたんだ。僕は、学習塾でバイトをしたことも、メジャーでトップをとったことも、全部丸ごと今自分が生きているために経験してきたと思っているから、昔の教え子にそういうふうに頼ってもらえることがとてもうれしいし、僕自身のエネルギーにもなる。

でも、これは僕に限った話ではない。僕のような仕事をしている人だけじゃなく、組織で働いている人や現在就活中の人だってもちろん、過去の経験を積み重ねた今だからこそ、できることはたくさんある。

これまでやってきたことは一見バラバラで、ひとつずつ「点」のように思えるかもしれないけれど、それを一本の線でつなげて自分の人生のストーリーをつくっていくことは誰にでも必ずできる。

大事なことは、どんなストーリーにしたいかは自分で決めるということだ。結局、すべては自分次第。勝ち負けより、自分らしさ全開の、納得のいく人生のストーリーを今から描いていこう。

おわりに

もし時が戻せるのなら　出会ったあの日あの場所から
もう一度やり直せるのなら　どんなに幸せだろう

これは、MEGARYU時代に歌っていた「I miss you」という曲にあるフレーズだ。だからかもしれないけれど、今でもときどき「もしも時を戻せたら、どんなことをしたいですか？」と聞かれることがある。

今の僕の答えは決まっている。「時は戻さなくてもいいんじゃない？」というものだ。これは、今の自分を大切に生きるということにもつながっている。

だってそうでしょ？　たとえ過去に素晴らしい成功を収めたことがあっても、あるいは思い出したくもないような失敗をしていたとしても、「あの時、ああしていれば、こうなっていたはずだ」という思いを抱え続けているなんて、ダッセェと思わない？

だから、同級生が次々に就職を決めていくなかで焦っていた自分や音楽をするために塾講師のバイトをしていた自分、オリコン1位を獲った自分や歌声を失った自分も、僕はすべて否定しない。そんな過去の自分にしがみつこうとも思わない。

僕は、過去の自分に起きたことには、今の自分にとって全部なんらかの意味があったと感じられるような人間でいたいと思っている。そのためには、時計を巻き戻してリセットする必要なんてない。リスタートは、今この瞬間からだってできるからだ。

もちろん、今の僕がこれから先の人生で失敗しない保証なんてない。辛いことだって起こる可能性だってある。それは、これまでなんとなくうまいことやってきた人にだって、同じことがいえるだろう。生まれてから死ぬまで順風満帆で、思いどおりの人生を歩める人なんていないはずがないよね。

ただ、この本を通じてお伝えしてきた「生き直す力」という視点さえ持っていれば、何度だって立ち上がれるはずだ。ダメージをくらわないようにするのは困難でも、くらったダメージからリカバーできる術を知っていれば、必ず身を守ることはできる。

向かおうとしているゴールが見えていなくても、動くのをやめずに歩け。
もしもその道の先が行き止まりになっていたら、新しい道をつくれ。
ひとりで道をつくる力が足りなければ、仲間と一緒に切り拓け。
仲間が見つからなければ、戻って別の道を探してまた歩け。

そうやって何度も生き直しながら前に向かって進んでいくことは、絶対に「負け」じゃない。むしろ、前に進もうとする覚悟すら持とうとせず、あらゆる言い訳を吐き続けながら生きていくほうがよっぽど自分に負けているし、ダッセエことだと思う。

何度でも言おう。「ダッセェ選択には、ダッセェ人生しか待っていない」のだ。

この本を閉じたら、それぞれの状況で今日どんな選択をし、明日どんなアクションを起こすべきなのか。どんな人生をデザインしていきたいのかを、あらためて考えてみてほしい。主人公はほかの誰でもない、自分自身だ。そして、あなたが顔を向けるべきは、ただ自分の未来だ。

RYUREX

RYUREX リュウレックス

「MEGARYU」ボーカリスト
1976年岐阜県生まれ。作詞・作曲、そして歌手として23歳で単身渡米。帰国後、クラブシーンやインディーズで活動したのちの2004年「MEGARYU」としてメジャーデビュー。MEGARYUセカンドアルバム『我流旋風』はオリコン週間アルバムランキング1位（2006/7/31付）を記録。『Day by Day』『夜空に咲く花』『DEAR』など数多くのヒット曲を生み、アルバム通算9枚をリリース。そんな人気絶頂の2014年、突如、痙攣性発声障害という喉の病を患い、アーティストにとって命である歌声を失う。一度は、生きる目的やビジョンを見失うが、まわりの人に支えられ、次の人生を再始動する。
最初に、これまでのエンタテイメントをベースとした音楽フェスをはじめ、「音楽×SPORTS」「音楽×地域創生」などをプロデュースした。その後、ファッションブランド「REX」を立ち上げたり、空きビルに商業施設「X MARKET（クロスマーケット）」をつくり、さまざまな業種が出店できる空間を提供している。
また、岐阜駅前飲食繁華街プロデューサーや「ゆめのたね放送局」岐阜スタジオのオーナー経営者、東海社会人サッカーチーム「FC.Bombonera」顧問、岐阜県観光大使としても活躍中。

何度だって生き直せ

2021年8月11日　初版発行

著　者　RYUREX
編集人　山﨑 薫
発行人　安達 智晃

発　行　アンノーンブックス
〒150-0001　東京都渋谷区神宮前3-15-9-103
電話：03-6455-1085　FAX：03-6455-1086
Mail：info@unknownbooks.co.jp
URL：https://unknownbooks.co.jp/

発　売　サンクチュアリ出版
〒113-0023　東京都文京区向丘2-14-9
電話：03-5834-2507　FAX：03-5834-2508

印刷・製本　株式会社 光邦

ISBN978-4-8014-8051-3

JASRAC 出 2104827-101